D1076683

# *En route vers* l'**Alaska**

Aux gens que j'aime…

Les calepins des aventuriers

# En route vers l'**Alaska**

## Récit de voyage d'un jeune aventurier

## Billy Rioux

Bertrand
**D**UMONT
éditeur

4

**Catalogage avant publication de Bibliothèque et Archives nationales du Québec et Bibliothèque et Archives Canada**

Rioux, Billy, 1982-

En route vers l'Alaska : récit de voyage d'un jeune aventurier

(Les calepins des aventuriers)

ISBN 978-2-923382-18-0

1. Rioux, Billy, 1982- - Voyages - Canada. 2. Rioux, Billy, 1982- - Voyages - Alaska. 3. Canada - Descriptions et voyages. 4. Alaska - Descriptions et voyages. I. Titre.

FC75.R562 2007            917.104'648            C2007-941346-3

## Remerciements

À ma grand-mère pour son encouragement à me rendre au bout de mon idée. À mes parents et ma sœur Kathy pour cette aventure qui leur demande d'aller au-delà de leur discrétion naturelle. Merci de me faire confiance.

À mon parrain Langis Rioux pour ses idées créatives. À Clermont Sirois et Josée Lebel pour la correction du manuscrit malgré leur horaire chargé. À Gaétan Godbout pour sa grande générosité dans le temps consacré à la correction du manuscrit. À Marc Thériault et Benoît Duguay pour leurs expériences littéraires et leurs idées. À Annie et Jacynthe pour leurs lectures et leurs critiques.

À Françoise Bélanger, rencontrée au Yukon, qui ne cesse de croire en moi et de m'aider dans mes projets, merci pour ton aide. À André Bernier qui comprend mes idées folles et m'aide à les concrétiser.

À la bande de la piscine du Cégep de Rivière-du-Loup pour avoir pris soin de regarder mes photos et m'avoir aidé à les sélectionner. Au programme Jeunes Volontaires qui m'a aidé financièrement dans le projet.

À Bertrand Dumont, mon éditeur qui encourage le jeune passionné aux grandes idées que je suis.

À tous ces gens croisés sur la route, que je ne reverrai probablement jamais, avec qui j'ai partagé une rencontre de passage, qui sera gravée à jamais dans ma tête.

Bertrand Dumont éditeur inc.
C.P. n° 62, Boucherville
(Québec) J4B 5E6
Tél. : (450) 645-1985. Téléc. : (450) 645-1912.
(*www.jardinplaisir.com*)
(*www.petitejuju.com*)

Éditeur : Bertrand Dumont
Révision : Raymond Deland
Conception de la mise en pages : Norman Dupuis
Infographie : Horti-Média et Charaf el Ghernati
Photographies : Billy Rioux
Photographie de la page couverture : iStockPhoto/Roman Krochuk
Calibrage des photos : Langis Clavet

© Bertrand Dumont éditeur inc., 2007
Dépôt légal – Bibliothèque et Archives nationales du Québec, 2007
Bibliothèque et Archives Canada, 2007
ISBN 978-2-923382-18-0

L'éditeur remercie :

• la Société de développement des entreprises culturelles (SODEC) du Québec pour son programme d'aide à l'édition et à la promotion;

• Gouvernement du Québec – Programme de crédit d'impôt pour l'édition de livres – gestion SODEC.

Société de développement des entreprises culturelles

Tous droits réservés. Il est interdit de reproduire, enregistrer ou diffuser un extrait de cet ouvrage, sous quelque forme ou par quelque procédé que ce soit, électronique, mécanique, photographique, sonore, magnétique ou autre, sans avoir obtenu au préalable l'autorisation écrite de l'éditeur.

Imprimé au Canada sur papier 100 % recyclé

Une précédente version de ce livre a été publiée sous le titre : *Un pas sur la route…un autre vers soi… – Du Québec à l'Alaska* chez Merlin Éditeur.

# Table des matières

# Préface

CHAQUE PERSONNE a une mission à accomplir dans sa vie. Toutefois, plusieurs ne réussissent pas à la réaliser, car ils ont trop peur. La peur est un sentiment que chacun de nous ressent et qui nous empêche de développer nos pensées, de préciser nos goûts, de pousser nos actions, de cultiver nos ambitions; bref, de poursuivre nos rêves. Elle nous limite afin de nous faire réfléchir, mais, malheureusement, plusieurs n'osent pas la défier. Billy a ressenti la peur tout au long de son voyage, mais ce n'est pas elle qui l'a empêché d'aller au bout de son rêve. Or, peut-être aurait-il été préférable pour lui d'écouter sa peur à certaines occasions...

Le voyage de Billy, c'est avant tout un voyage de vie, et c'est en cela qu'il nous porte tous vers la réflexion. C'est particulièrement vrai pour moi, sa sœur, qui me suis inquiétée toute l'année durant laquelle son aventure s'est déroulée. C'est dans ce livre que j'ai tout appris au sujet de son périple, des bonnes et des mauvaises expériences qu'il a vécues. Mon frère m'avait raconté plusieurs de ses expériences hors du commun, mais il m'avait épargné celles où il avait risqué sa vie. Peut-être n'avait-il pas le courage de me les raconter?

Ce voyage a surtout changé la vie de mon frère et sa façon d'agir. Il sait maintenant écouter son corps d'une façon que personne d'autre ne saurait le faire. Il lui a énormément demandé lors de ses nombreux treks et je suis certaine que, désormais, il n'ira plus au-delà de ses capacités. Il avait plusieurs défis à relever et habituellement, en très peu de temps. Il s'était fixé des objectifs plus souvent atteints par des gens d'expérience; lui qui en avait si peu... Ce manque d'expérience le rendait inquiet et vulnérable face à certains événements où il était totalement impuissant. Dieu seul était responsable de sa vie ou de sa mort. J'espère qu'il l'a remercié de son aide?

Personne n'aurait pu l'empêcher de partir. Billy a fait à sa tête, avec le bagage de vie d'un jeune de 19 ans, trop jeune pour connaître ses limites et s'écouter. Il avait toutefois un bon jugement et c'est ce qui lui a permis de rester calme devant tous les obstacles qu'il a rencontrés.

Il y a quelque chose que je ne comprendrai jamais : c'est le fait qu'il ait couru malgré qu'il avait tout son temps. Il se souvient des paysages, c'est sûr, mais davantage de la douleur qu'il a ressentie. Il était libre de son parcours, de ses décisions. Pourtant, il a mené ce voyage tambour battant. Pourquoi ? La réponse à cette question est sûrement dans ce livre.

L'expérience de Billy est exceptionnelle. S'il est revenu différent de ce voyage initiatique, c'est qu'à chaque pas il y avait une bonne étoile au-dessus de sa tête pour le guider et le protéger. C'est cette étoile qui a ramené mon frère en vie. Merci petite étoile.

*Kathy Rioux*

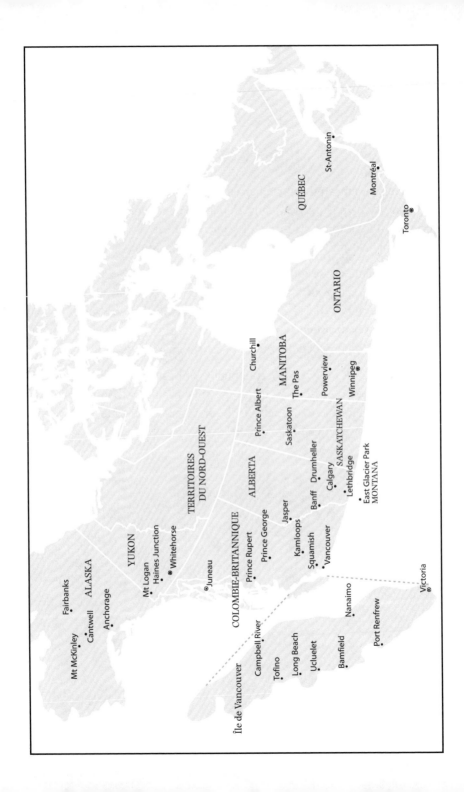

# PROLOGUE

**DÉTENDEZ-VOUS,** oubliez votre programme quotidien, mettez de côté vos peines profondes, car j'ai une histoire à vous raconter : une histoire vraie.

C'est l'histoire d'un jeune homme téméraire que sa volonté a transporté au fond de son cœur, de la vie. Il vous fera survoler de féeriques paysages, vivre des expériences uniques et rencontrer des gens imprégnés de bonnes intentions et de joies partagées. Il y aura de la tristesse, de la solitude, de la misère, mais il y aura aussi de la joie, du bonheur et du bien-être.

Tous et chacun, au fond de nous-mêmes, avons des rêves, des désirs. Certains sont réalisables, d'autres utopiques. Or, ce sont nos rêves qui nous distinguent, qui nous font progresser. Ceux-ci nous procurent l'occasion de grandir et de nous accomplir. Le jeune homme de cette histoire, par sa volonté et son courage, a combattu ses peurs, trouvé des solutions à ses obstacles et vécu de nombreuses émotions. Bref, il a réalisé son rêve.

Prenez le temps de saisir les mots de ce récit. Laissez-vous bercer par cette histoire de vie. C'est celle d'un jeune humain qui prend la route pour mieux se comprendre...

Billy Rioux

Saint-Antonin, Rivière-du-Loup, Québec

# Qui suis-je ?

*« Mes meilleures idées me sont venues*
*tandis que je trayais ma vache. »*
Grant Wood

**TAPI AU FOND D'UNE CLASSE** de français, j'explore le Canada. Si, à cet instant, mon dictionnaire ne m'est pas très utile pour sa fonction grammaticale, il l'est beaucoup plus pour mon intérêt géographique. La carte du Canada et de l'Alaska retient particulièrement mon attention. Que se passe-t-il dans l'Ouest de l'Amérique du Nord ? Est-ce qu'il y a seulement des Inuits qui vivent à Anchorage ? Y fait-il froid ? Avec mon doigt je trace des itinéraires imaginaires, je me vois en voyageur solitaire sur ces routes éloignées. Ma douce nature songeuse m'est précieuse lors de mes rêveries.

Toujours à l'école, enfant, j'étais appliqué, raisonné, intelligent. Parce que j'étais doté d'un bel altruisme et d'une nature indulgente, les autres jeunes m'accordaient facilement leur confiance. Cela m'a donc permis de me bâtir rapidement et naturellement des relations. En outre, j'aimais bien faire rire mes amis et j'ai gardé ce don, comme toutes mes qualités d'enfant heureux.

Lors de mon entrée au secondaire (au lycée), mon monde a soudainement pris de l'ampleur. Étant donné le grand nombre de jeunes présents, une nouvelle timidité m'accaparait. Par la force des choses, ma bataille avec celle-ci a été un grand succès. Malheureusement, ma bonté sans frontière m'a fait connaître mes défauts : ma naïveté et mon manque d'assurance ont été la cause d'un moment sombre de ma vie, alors que j'avais 15 ans (je vous en parlerai sûrement quelque part dans ce livre). J'en ai tiré une leçon de vie : l'honnêteté et l'estime se forgent en assumant la valeur de ses actes.

Mes parents ont toujours été là lorsque j'en sentais le besoin. Leur réconfort m'a été et me sera toujours très précieux.

En tant qu'adolescent, j'avais besoin de me dépasser et de crier mon désarroi. Je me suis donc lancé dans la natation, le jogging, le kick-boxing, les poids et haltères. Aujourd'hui, je considère que ces activités ont assuré l'épanouissement de ma personnalité.

Plus tard, j'ai découvert l'escalade. Ainsi, à la période des midis scolaires, je pratiquais mes techniques sur un bloc rocheux à proximité de l'école. Occasionnellement, je m'y rendais avec mes deux meilleurs amis, Martin et Matthieu. Perchés là-haut, nous plongions notre regard vers l'horizon. Le fleuve Saint-Laurent se dévoilait à nous sous ses douces courbes et les colorés massifs de Charlevoix étaient peints à l'arrière-plan.

Adolescent, j'ai toujours été croyant. Par mon baptême étant bébé, j'ai adhéré au catholicisme sans le vouloir. J'en suis heureux aujourd'hui, car cette religion me convient et m'appelle. Pour moi, il est important de croire. Cela me donne une force devant la peur. Avoir la foi m'accompagne également dans les obstacles de la vie ou me fait du bien, tout simplement. Néanmoins, je n'ai jamais été un pratiquant assidu, ni un zélé de la parole de Dieu. Pour moi Dieu est bon, et même si je suis en désaccord avec quelques versets de la Bible, je trouve qu'elle est remplie d'une grande richesse et de sagesse.

Ce voyage m'a appris à aimer Dieu et surtout, à l'écouter. Je lui ai fait confiance lors de ce voyage et Il me l'a rendu mille fois, comme vous le verrez dans ce récit. Je crois qu'Il nous le rend toujours.

À la fin de mon secondaire, j'étais fier d'avoir mérité mon diplôme. Je garde un merveilleux souvenir de tous ces jeunes qui m'entouraient alors. Néanmoins, même si mon cœur était à la fête, je n'espérais qu'une chose : partir vers l'Ouest et ne plus revenir.

Pour des raisons qu'il serait trop long d'expliquer, je choisis d'obtenir un diplôme professionnel en Protection et exploitation des territoires fauniques. Je fais ces études dans la région de Québec, à près de 200 km de ma ville natale. Une manière pour moi de tourner la page sur une partie de ma vie… à moins que ce ne soit une façon de poursuivre mon but premier.

L'an 2000 a été une de mes plus belles années. Un premier pas vers l'indépendance, une radieuse découverte. Cela eut pour conséquence que mon cœur devenait toujours un peu plus avide d'aventures et de défis. L'appel de l'Ouest, plus vif et plus passionné, coulait en moi tel un sablier au sable brûlant. De plus, ayant grandi au sein d'une famille de classe moyenne, j'ignorais la vraie valeur de l'argent. Mon désir à ce moment était si intense que ma situation financière ne représentait aucunement un obstacle à mes yeux.

Bref, je me rends compte aujourd'hui qu'aucune barrière ne s'est dressée sur mon chemin. En bon Capricorne que je suis, je les aurais contournées de toute façon. Donc, avec huit cents dollars en poche, un billet de train et un itinéraire plutôt aléatoire, je me sentais en sécurité, fier de moi et de mon courage.

Je suis parti de Rivière-du-Loup le 13 janvier 2001, au lendemain de mon anniversaire, un mois après mon retour de Québec avec mon diplôme en poche.

La veille, dans mon lit, les yeux au plafond, je songeais à ma décision presque sans retour. J'éprouvais un mélange d'impatience, de nervosité et d'excitation. Je me doutais que ce voyage changerait ma vie, mais à quel point? Je ne pouvais pas le savoir du tout.

Ce livre relate mon périple, mais aussi comment il a fait de moi un homme différent. Je vous invite à me suivre dans ces deux parcours qui se mêlent et s'entremêlent.

# Le voyage de ma vie

*« Ne donnez pas d'explication:*
   *les amis vous comprennent*
   *et les ennemis ne vous croient pas. »*
Elbert Hubbard


**GARE FERROVIAIRE DE RIVIÈRE-DU-LOUP, 13 JANVIER 2001 –** Il est deux heures du matin. La nuit est froide. Le sourd tchou, tchou, tchou retentit dans l'air sec hivernal. J'ai le dos courbé sur le quai d'embarquement. À mes pieds, mon sac à dos est rempli à en fendre ses coutures. Un lampadaire projette une faible lueur orangée sur le train qui décélère. Mon souffle laisse évacuer une fine vapeur qui roule devant moi. Mes yeux scrutent, songeurs, ce long serpent d'acier qui, sur une voie, propre à lui, propre à ses paysages, me rendra à destination. Laquelle ? Même moi je l'ignore.

C'est la première fois que je monte à bord d'un train. Celui-ci progresse tranquillement sur la voie ferrée. Mon voyage débute. Je n'ai pas peur de l'avenir. Je sais que tout ira bien… d'accord, je suis un peu craintif peut-être, mais au moins je suis au chaud. Le temps… je ne veux plus y penser ! Assis sur mon siège, je scrute l'obscurité qui s'étale de l'autre côté de la vitre. J'imagine des paysages de contes, des aventures inoubliables.

❋

À un moment, je pense à mes parents. J'admire leur attitude face à mon départ. Ils ont fait preuve d'acceptation et de respect. Toutefois, j'ai bien ressenti leur impuissance et leur crainte dans leurs yeux humides ; le soir de mon départ, ma mère a pleuré. Dans ses mains, elle tenait un chapeau de fourrure. Elle me demandait de l'emporter avec moi pour me garder la tête au chaud. J'ignorais quoi dire, alors je l'ai accepté.

Au fond de moi, je leur suis reconnaissant d'être à l'écoute de mes besoins et intérêts. Enfant, je pouvais jouer avec une souris, dans la boue ou à l'intérieur de l'immense camion d'Hydro-Québec (mon père y travaille), toujours avec un œil bienveillant posé sur moi. Cette bienveillance m'a permis d'acquérir une confiance en moi, elle m'a aidé à m'accomplir. Je crois fermement que peu importe l'endroit où je me trouverai et quoi que je fasse, ma famille et mes amis seront toujours à l'écoute, m'indiquant lorsque je serai dans l'erreur. Or, je sais qu'au final, je ne peux que compter sur moi.

❄

L'excitation fait place à la nervosité. De sorte que mon clapet à paroles ne ferme pas jusqu'à Montréal, ma première escale. Je fais part des étapes que j'aimerais faire lors de mon périple à quiconque veut l'entendre.

Arrivé vers 8 heures à Montréal, je flotte de bonheur, d'une joie propre au voyage. Je suis attendu par ma cousine Thessa et ma bonne amie Kacou. Avec elles, j'explore des coins que je n'avais pas eu le temps de voir lors de mes dernières visites, tel le quartier chinois et la rue Sainte-Catherine.

Avec à l'esprit que tout est possible, nous allons aux bureaux de Musique Plus dans l'intention de passer à l'écran, en spectateurs seulement. C'est ce qui nous arrive. J'en éprouve instantanément le goût du nouveau. Je le savoure avec passion.

Ma nuit blanche passée à bord du train me donne l'apparence d'un spectre souriant. La fatigue me donne des haut-le-cœur. Malgré tout, je garde mon optimisme. Je ressens néanmoins un petit nœud d'anxiété profonde : c'est celui de l'inconnu dans lequel plonge ma vie.

Lors de notre marche sur la rue Sainte-Catherine, j'observe un sans-abri. Il arbore un visage ridé, fatigué et des yeux moroses. Dans son coin sombre, ceux-ci me fixent jusqu'à ce que je sois hors de vue. Un mélange de pitié et d'incompréhension se dissout en moi. J'éprouve depuis toujours de l'intérêt envers le monde de la rue. Le métier de travailleur de rue m'a souvent attiré. Je dois avouer que ma nature altruiste ne fait qu'éveiller mon désir d'aider. J'aimerais être un punk dans l'Ouest et m'intégrer à un groupe. Moi qui ai toujours vécu dans la légèreté et dans un matérialisme associé à la classe moyenne, je me trouve devant un monde qui m'est inédit.

Après un rassurant baiser de ma cousine, ainsi que de mon amie, je me dirige avec assurance au quai numéro huit. Il est 18 heures et je me prépare à un nouveau périple de six heures en train. Mon sac à dos pour allié, seul point d'attache, j'entreprends mon voyage avec, à mon compte déjà, un nouveau courriel, celui d'une connaissance rencontrée sur le train du matin, une expérience télé, la découverte d'endroits inconnus et des regards d'interrogation lancés dans ma direction lorsque je déambule dans les rues, sac au dos. Cette année promet d'être bien remplie, mon Bill!

# Seul, à Toronto

*« Oser commencer est le début du succès. »*
Anonyme

**DANS LA NUIT DU 13 AU 14 JANVIER –** Toronto. Je grelotte sans arrêt. Souvent, j'entends mes dents s'entrechoquer involontairement. Malgré mes frissons je suis bien, car... je *tripe*. Cette expression, mes amis et moi nous l'utilisons à l'occasion d'une journée d'escalade ou de camping d'hiver, quand nous ressentons des émotions fortes. En fait, nous sommes tous des *tripeux*, c'est-à-dire des passionnés de sensations fortes, ouverts à l'inconnu, souvent emportés par les beautés environnantes et nos émotions, sans aucun scrupule.

Ici, dans la rue, j'expérimente une autre façon de *triper*. En fait, je suis dissimulé sous quelques tables de parterre empilées et rangées pour la saison hivernale. Il n'y a de l'espace que pour mon corps et mon sac à dos. En plein centre-ville, je suis à cinquante mètres de la rue Queen, une artère principale souvent bondée. Une longue toile bleue protège les tables. Seule celle-ci me rend invisible aux yeux des passants. Emmitouflé dans mon sac de couchage, ma famille me manque. La peur me tortille le ventre. Cependant, le fait d'avoir un endroit à moi me réconforte.

Arrivé par le train de vingt-trois heures, mon corps me demandait un moment de repos. Ainsi, chanceux, j'avais découvert «le spot à Bill» en marchant sur la rue Queen.

**16 JANVIER 2001 –** Voilà trois jours que je suis à Toronto. Je me rends compte rapidement combien la vie dans la rue sollicite de ma part une immense quantité d'énergie.

– *« Bah ! Je suis jeune, je vais vite récupérer »*, me dis-je, désinvolte.

Mes pérégrinations ont laissé quelques observateurs perplexes. Comme cet agent de sécurité qui a rôdé, à chacune de ses tournées, à quelques centimètres de mon logis temporaire. Je sais pertinemment que je dois dénicher un autre endroit pour éviter une expulsion, mais je m'aperçois vite que la rue m'offre très peu d'endroits bienveillants. Mes recherches pour trouver un autre abri étant vaines, je choisis de m'informer à propos de l'hébergement gratuit.

Ainsi, l'orgueil mitigé, je déniche un royaume. J'apprends que Toronto, comme plusieurs agglomérations urbaines, possède un excellent système d'aide sociale. Plusieurs organismes, souvent gouvernementaux, fournissent gratuitement un lit, une douche, des divertissements divers et de la nourriture. Bref, ils répondent aux besoins essentiels des êtres humains. J'ai donc été hébergé une nuit au Convenant House et maintenant, je réside au Turning Point. Ce sont deux *shelters* très propres, chaleureux et bien sûr, assez disciplinés.

J'ai à remplir quelques formalités à l'inscription pour mon séjour au Turning Point… Le responsable est grand, bâti comme une armoire à glace. Ce beau «nègre» arbore toujours un sourire en coin, ce qui, je dois l'avouer, n'apaise pas vraiment mes appréhensions. Les formulaires remplis, l'homme me tend deux sachets de lubrifiant. Éberlué, je le dévisage. Mon cœur bat à un rythme croissant, mon teint devient cramoisi.

– «*C'est… Joke ?*», lui lançai-je dans un anglais approximatif.

Le visage impassible il enfile ses gants de latex. Poliment, il me demande de m'appliquer le lubrifiant et de l'attendre. Par courtoisie, il me confie qu'il n'éprouve aucun plaisir à effectuer la fouille. Sur ce, il part et me prie de me dépêcher. Je ne sais que faire. Je suis conscient que des gens dissimulent de la drogue dans leur anus, mais jamais je n'aurais pensé que quelqu'un fouillerait le mien! Hésitant, mais décidé, je me rends à son bureau pour m'expliquer. Là, toute l'équipe m'attend et rit à chaudes larmes de mon expression. J'ai passé l'initiation.

❉

Installé, je me fais quelques copains. J'aime bien l'ambiance du refuge. J'avoue que le responsable comique aide à la tâche. Je comprends vite que mon accent attise la curiosité, mais sans plus. Certains m'interrogent sur mon voyage, mon origine. Un gars costaud me demande sur un ton courroucé si je suis en faveur de la séparation du Québec... J'avoue qu'à cette question, je ne dispose que d'un seul choix de réponse, sachant très bien qu'une forte partie de la population ontarienne est en désaccord avec le fait qu'un parti politique du Québec vote en faveur de la séparation de la province de l'ensemble du Canada.

Je ressens une grande impatience de la part de plusieurs jeunes à mon égard. Cependant, je suis heureux de pouvoir m'exprimer, malgré un anglais médiocre, et surtout, de me sentir accepté parce qu'ici, je perçois une hiérarchie : des durs, des corrects et des soumis. Je ne veux faire partie d'aucun groupe; je désire seulement qu'on me laisse tranquille.

Je me lie d'amitié avec un Africain francophone. Immédiatement, je connais la satisfaction d'une connivence. Je l'apprécie beaucoup, mais je ne lui parle pas régulièrement. Je suis obsédé par mon désir d'apprendre l'anglais. Je me borne à ne côtoyer que des anglophones, qu'à vivre cette culture linguistique différente.

Par des conversations que j'ai avec d'autres jeunes, j'apprends que certains ont vécu de graves problèmes familiaux, quoiqu'ils ne soient pas en majorité. Une simple dispute familiale, accompagnée d'un désir d'indépendance et d'impulsion, et hop! : la rue. Les jeunes qui y vivent veulent avancer dans la vie. Plusieurs cherchent activement un emploi et quelques-uns retourneront à l'école. L'espoir, il y en a partout. Il faut apprendre à le voir pour ensuite le vivre.

❉

Chaque jour, la découverte de Toronto se résume à la marche. Je trouve cette ville bien diversifiée et mouvementée. Bien que je cherche à comprendre le style de vie propre aux grandes villes, je n'aimerais pas y passer ma vie. Si je n'avais pas le choix, il me faudrait au moins des moments à la campagne, un endroit paisible, dans la solitude.

C'est dans la recherche d'un de ces endroits que je me dirige vers les terrains de Ontario Place : un parc d'amusement ouvert seulement l'été où la culture, les loisirs et les divertissements sont à l'honneur. Je me sens invité par le lac Ontario et les quelques canards sur sa berge. Impulsivement, je grimpe par-dessus la clôture et je vais m'asseoir sur une grosse roche à proximité de ceux-ci. Malheureusement, mon extase est de courte durée. Une patrouille de police s'immobilise près de moi. Je les aperçois nerveusement. Je n'ai rien à me reprocher, je reste donc sur place. Les policiers descendent de leur véhicule tranquillement en survolant du regard les alentours…

Je comprends vite que je suis en infraction, malgré le charabia qui sort de leur bouche. J'ai peur. Mon anglais étant médiocre, je n'ai pas de mots justes pour me défendre. Ayant un couteau dans mes poches, l'homme de loi me demande donc de déposer mes mains sur leur véhicule et celui-ci le réquisitionne.

– «*Voyageur. No problem!*», dis-je, inquiet.

Leur indulgence apaise mes appréhensions les plus fortes. Je comprends que des vols ont été commis sur les voiliers avoisinants et que j'ai l'air du parfait suspect. Or, après une fouille dans mon sac à dos, ils réalisent qu'ils n'ont aucune preuve contre ce touriste perdu. Alors qu'ils m'escortent vers la sortie, ma peur se transforme en euphorie. Un sourire de soulagement et de joie se dessine sur mes lèvres.

Durant les jours qui suivent, je visite les quelques attractions touristiques qui m'intéressent, comme le plus grand zoo au Canada, la plus longue rue au monde (Yonge Street), le Quartier chinois et l'Université de Toronto. J'assiste à un match de l'équipe de basket-ball (les Raptors) et j'effectue une traverse vers une des îles en face de Toronto. Je me paye un repas au Hard Rock Café. Je me sens seul parfois, alors j'écris dans mon journal intime. Ça me fait du bien. À part ça, j'adore ma vie de *tripeux*!

**17 JANVIER 2001 –** Je suis de nouveau pris d'une envie de m'évader. Je suis fatigué d'observer la pauvreté peinte sur certains visages, ou encore ces hommes d'affaires aux œillères étroites et ces hauts édifices qui cachent le soleil de midi. J'ai besoin de grand air.

Je crois que mon amour pour la nature m'a été transmis par mon éducation. J'ai toujours habité près de la forêt. Jeune, je construisais des cabanes dans l'espoir d'y dormir. Avec mon cousin, j'aimais bien taquiner les ombles de fontaine à la mouche ou bien poursuivre les lièvres, armé d'un lance-pierres. Je peux affirmer que ces derniers rigolaient bien lorsque la pierre se fracassait sur un arbre ou déviait sur une branche, mais ils se sont tus lorsque nous nous sommes munis de notre première carabine.

C'est grâce à mon père que mon amour pour la nature s'est accru. Cette première gélinotte abattue à la chasse dans le Maine, ces orignaux gigantesques humant l'air du crépuscule, ce renard circonspect qui a été pris de panique en nous apercevant, ces truites mouchetées de huit cents grammes, un kilo voire même un kilo et demi, sorties du lac après une pluie fine ou encore un spectacle d'arcs-en-ciel. Mon père m'a fait cadeau d'expériences très valorisantes. Sans l'engouement que j'ai eu très jeune pour la nature, je serais aujourd'hui un homme bien différent.

Muni d'un ticket de tramway, je prends la direction de l'Est. J'atterris sur les rives du lac Ontario. Sur une pente gazonnée, je m'assois. Le silence m'apaise. Je ressens instantanément une plénitude. J'ai les larmes aux yeux. Sur ce lac gris, calme, sans fin, mes yeux s'arrêtent sur un groupe de cygnes tuberculés. Une plage au sable doux s'est dessinée avec le temps. Une croix y est dressée. Je suis bien, je recharge ma batterie et oublie l'autre côté.

**19 JANVIER 2001 –** À ma grande surprise, je constate que mon séjour de six jours à Toronto m'a coûté cinquante-trois dollars, preuve que je peux voyager à très peu de frais.

Je suis prêt à continuer mon chemin vers mon rêve, c'est-à-dire les montagnes. Dans mon esprit, ces magnifiques sommets de trois mille mètres d'altitude se dressent fièrement, drapés d'un faible brouillard matinal. Je rêve d'elles depuis si longtemps. Cependant, je désire préalablement m'arrêter à trois différents endroits pour utiliser au maximum ma passe de train et toucher l'extrémité nord du Manitoba, dans la petite ville de Churchill, accessible seulement en train. Pour m'y rendre, je dois nécessairement effectuer un transfert à Winnipeg. Donc, j'en profiterai pour visiter la ville. En troisième lieu, j'hésite entre Edmonton et Saskatoon. Saskatoon revient souvent dans mes pensées, mais je ne crois pas que ce soit une ville très visitée. Bref, je n'ai entendu que des commentaires négatifs à l'égard des prairies, tandis que le West Edmonton Mall d'Edmonton est, paraît-il, à voir.

# Le serpent de fer

« Nos gloires les plus belles
ne sont pas de ne jamais tomber,
mais de se relever
chaque fois que nous tombons. »
Confucius

**PRENDRE LE TRAIN** me permet de m'évader vers des terres sauvages et éloignées, de sillonner les rues désertes d'un village endormi dans le temps, de converser avec d'intéressants voyageurs entre les arrêts et, surtout, de me débrouiller à chaque correspondance pour dénicher un endroit où me nourrir et me loger gratuitement. C'est à ce moment que surviennent les sentiments les plus forts, quand j'avance totalement dans l'inconnu, tout en sachant que je n'ai qu'un petit budget.

Avoir recours au train me fait prendre conscience de la dimension du Canada. Cela me fait ressentir la déception du touriste français qui désire un jour prendre une photo du Château Frontenac et le surlendemain, faire une « saucette » dans l'océan Pacifique. Quel beau et gigantesque pays !

Chaque année, des centaines de jeunes voyageurs téméraires abordent ce long serpent de fer. Dans leurs yeux, on peut déceler la crainte ou encore l'anxiété. Pour les plus confiants et les plus expérimentés, le bien-être et la joie se manifestent. Tous ces jeunes n'ont qu'une similitude : la volonté, le courage de s'ouvrir au monde.

❋

**GARE FERROVIAIRE DE WINNIPEG, 25 JANVIER 2001** – Je longe le train pour l'embarquement. Cette fois-ci, le serpent de fer m'emmène vers Churchill, cette ville du Manitoba située sur les rives de la baie d'Hudson. J'ignore pourquoi, mais j'ai toujours un doute sur le wagon que je dois prendre. Bien sûr, c'est le bon à chaque fois, mais mon hésitation est toujours là.

C'est dans cet état d'esprit que j'aperçois un sac de papier brun posé sur le sol. Voyant que personne n'y porte attention, je m'approche. L'idée d'une bombe me traverse l'esprit. Je ris de moi-même et de mon imagination. Je l'ouvre, tout de même hésitant. Non, il n'y a aucun explosif à l'intérieur, mais quelques bières de chez nous. J'en aurais ouvert une volontiers au plaisir de mes papilles gustatives, mais je préfère les remettre à l'hôtesse à l'embarquement.

En route vers Churchill, le train traverse de grandes étendues boisées. Un voile de neige blanc se dessine sur ma vitre. Il fait nuit et une froide tempête fait rage à l'extérieur.

– « *Mmm, pas grave* », me dis-je dans un bonheur de rêverie.

Emmitouflé dans une couverture de laine chaude, musique aux oreilles, je songe. Au hasard, quelques petits jets de lumière sont projetés dans l'obscurité du wagon. Les yeux fixés dans la pénombre hivernale, j'imagine Churchill avec peu ou pas de modernisme. Seules quelques maisons en pierre aléatoirement disposées sur un tapis de neige avec, comme fond, de majestueuses aurores boréales laissant naître plusieurs formes abstraites.

Après Toronto, j'ai fait escale à Powerview, une petite communauté au nord-est de Winnipeg. J'y ai de la famille. Un lit, du repos ; j'en ressentais le besoin avant Churchill. Et ce n'était pas la timidité qui allait faire taire cette envie !

Durant quatre jours, j'ai fait la charmante rencontre du frère de ma grand-mère, ainsi que de son épouse. Ils ont eu une écoute attentive sur les raisons de mon voyage et face à mes attentes.

Ce fut aussi l'occasion de rencontrer leur fils, âgé de dix-huit ans, et ses amis. J'étais anxieux avant cette toute première rencontre. Allaient-ils m'accepter ? C'est parmi eux que j'ai compris la difficulté de s'exprimer dans une autre langue que la sienne. Je désirais ardemment m'intégrer à leur groupe. Or, j'ai souvent constaté leur impatience. Cela m'a démoralisé de ne pouvoir m'affirmer, sans posséder les mots pour me justifier. Alors, je souriais. Les oreilles attentives, je me suis entraîné à mémoriser les nouveaux mots.

Après quatre jours, j'ai quitté mon nid douillet vers la forêt où règne la loi du plus fort. Je me suis avoué courageux et brave d'avoir pris cette décision. J'ai eu l'impression que cet encouragement, cette fierté en moi allaient faire en sorte que jamais je n'abandonnerais.

– « *Je suis fier de toi.* »

❄

Tchou, tchou, tchou… Le sifflet signale un arrêt : The Pas. Le soleil matinal rend la neige étincelante sur cette petite ville nordique du Manitoba. Elle semble dormir d'un profond sommeil. Il n'y a personne dans les rues, rien ne bouge.

J'ai une grande conversation avec deux bonshommes dans la trentaine. Il y a Alastair, un Écossais aux courts cheveux bruns, svelte sur son un mètre quatre-vingt-dix. Il porte une cicatrice sur sa joue, malheureux souvenir d'un accident de voiture. Il manifeste une belle jovialité. Frank, quant à lui, est un sourire sur deux pattes. Les années de passivité et la bière ont fait cadeau à cet Anglais d'une imposante bedaine. S'il avait une barbe blanche et des lunettes, je le surnommerais Santa Claus. Je suis ravi de discuter avec eux. Au cours de la conversation, Frank m'offre une de ses bières… celles que j'avais trouvées à la gare. Tous les trois, dans une belle fraternité, nous les dégustons entre amis.

❄

**27 JANVIER 2001** – J'arrive à Churchill sans planification précise, ni aucun plan défini. Alastair n'en croit pas ses yeux, lui qui prévoit tout sur tout. Alors, il décide de me prendre sous son aile. Il me déniche tout de suite un *Bed and breakfast* et nous prévoyons réaliser de belles aventures. Même si cela me coûte plus d'argent que prévu, et que mes propres plans sont modifiés, je laisse le courant m'emmener. Je ne veux pas passer à côté de l'occasion d'avoir une belle relation amicale avec Alastair. Ce voyageur intrépide, adorant explorer des régions éloignées du Canada et vivre l'aventure, sera ici pour une semaine.

Frank, lui, reprend le train dans quelques heures. Ce dernier désire profiter de sa visite à Churchill en nous entraînant dans le bar de la Legion Branch. Ah, les Anglais ! Fiers patriotes de l'Angleterre et de la bière.

Leur nature gaie dans l'esprit du voyage me charme. Nous rencontrons une jolie femme sur qui Frank pose amoureusement ses yeux.

– *« Laisse, Frank, elle est trop jeune ! »*

Bière locale à la main, nous rions et prenons des photos dans l'espoir de souder ce moment dans nos cœurs. Je passe un bel après-midi avec mes premiers amis d'outre-mer.

Vers la fin de l'après-midi, je grimpe seul sur une butte proche du centre communautaire. Celle-ci nous offre une vue qui surplombe la ville. Je n'y vois aucun haut bâtiment sur plus de trois étages. Le sol est recouvert d'une neige compacte. Aucun humain, seulement quatre chiens de traîneau attachés par des chaînes près d'une habitation aux murs extérieurs corrodés par le sel marin. L'horizon n'est qu'une fine ligne horizontale séparant le ciel bleu du sol gelé. Au sommet de plusieurs cheminées, une fumée blanche s'étire et danse. Le paysage me déconcerte. Il ne fait surgir qu'un mot dans mon esprit, le froid.

À titre d'information, Churchill a été fondé car les autorités jugeaient nécessaire de construire un port à la baie d'Hudson pour faire le transport saisonnier des grains de céréales canadiens vers l'Europe. Les maisons modernes (tout au plus une centaine) que cette ville compte aujourd'hui sont de couleurs ternes. Sinon, tout est blanc aux alentours de l'agglomération. Rares sont les arbres, plat est le terrain, glacial est le vent. Les rives de la baie d'Hudson sont bordées de rochers noirs et d'un sable rougeâtre. De loin, on peut distinguer l'eau ouverte, libre de glace. Peut-être qu'avec des jumelles, il serait possible d'identifier des ours polaires ? Sûrement, dans une ville qui se considère la capitale mondiale de ces mammifères ! Le picotement sur les joues devient une brûlure, parfois. La neige compacte sous mes pieds permet sûrement la construction d'un igloo. Le regard perdu sur cet infini, je ressens une grande joie.

❊

Le lendemain, Alastair loue un véhicule. Comme seul mon serpent de fer peut pénétrer jusqu'à Churchill, les rues sont peu nombreuses.

À cette période de l'année, le Churchill Northern Studies Centre (un centre de recherche scientifique et d'éducation sur les régions subarctiques), un musée, un site d'observation des aurores boréales, un avion échoué, un vaisseau ancré dans une baie depuis 1960, une randonnée en traîneau à chiens ou en motoneige font partie des quelques cibles visées par les touristes. En octobre et novembre, on peut ajouter à cette liste une promenade en toute sécurité à bord d'un autobus sur larges roues dans l'habitat des ours polaires.

Par une froide nuit, un de mes rêves se concrétise. Assis dans notre véhicule, Alastair et moi attendons. Mon ami démarre le moteur de temps à autre pour nous donner de la chaleur. Au bout de quelques minutes, je les aperçois dans l'infini étoilé : les aurores boréales. Ces fantômes verdâtres coulent, tournoient, s'incorporent les unes aux autres. Je suis ébahi par toute cette splendeur. Autrefois ces phénomènes étaient interprétés comme des signes venant des dieux inuits.

Malgré le froid et les avertissements de mon copain, je dépose mes pieds à l'extérieur du véhicule. Spontanément, je me mets à tournoyer sur moi-même, les yeux fixés à ces manifestations astrales. Je ferme les yeux et m'imagine danser avec elles…

Le jour suivant, toujours accompagné de mon téméraire compagnon, je me lance à la poursuite d'un vaisseau qui est emprisonné dans les glaces de la baie d'Hudson.

Nous sommes armés d'un appareil photo et d'une caméra. Nous constituons la parfaite représentation de touristes inconscients. Cette journée-là, il fait moins soixante degrés Celsius, facteur vent inclus, une «douce» température fréquente en janvier. Nous savons tous les deux que toutes les parties dénudées de notre corps doivent être absolument recouvertes. Dans ces conditions extrêmes, une peau exposée passe premièrement au rouge, ensuite au blanc et, si l'exposition se poursuit, les cellules meurent et la peau devient noire. Il existe un risque réel que certaines parties de notre corps s'engourdissent et deviennent ainsi insensibles. D'ailleurs, j'omets volontairement de vous parler de l'hypothermie qui constitue un risque majeur dans ces conditions. Au moins, nous sommes deux. À Churchill, je sens le froid. Non la froidure hivernale du Québec qui ne fait que nous divertir ou nous faire en discuter, mais le froid qui fait peur…

Pour atteindre le vaisseau, nous devons parcourir environ deux kilomètres à l'extérieur du véhicule. À mi-chemin, je crains le froid pour la première fois de ma vie. Ma vision est maintenant restreinte à l'espace situé entre mes deux verres de lunettes fumées. Ainsi, je ne ressens pas le froid sauvage sur mon visage. Mon champ visuel est limité à cinq cents mètres de distance sur un mètre de large. Chaque partie de ma peau non recouverte par mes vêtements me donne l'impression d'être mordu. Chaque faille constitue un endroit où, vicieusement, la fine neige peut pénétrer inlassablement. L'environnement aux alentours se compose d'une dizaine de petits conifères rabougris ici et là, de roches qui percent avec courage la solide croûte de neige et d'une poudrerie fouettée par un air glacial. Je me sens comme un pion pour Dame Nature. Je me résigne alors, impuissant.

Je me tourne vers mon ami pour l'avertir de ma décision d'abandonner. J'ai un choc : entre ses lunettes fumées et son cache-cou, une longue marque blanche, cireuse se profile sur son nez. Le vent est si fort qu'il est presque impossible de se comprendre. Par une communication gestuelle, il recouvre immédiatement son nez et partage mon anxiété. D'un pas rapide, on prend aussitôt le chemin du retour. Sage décision ! Une chance que l'automobile démarre…

Déjà ma dernière nuit à Churchill. Bien au chaud, je discute avec un bon monsieur. Celui-ci porte une longue barbe noire et de longs cheveux de la même couleur, parsemés de gris. J'estime son âge à la trentaine avancée. Il compare mon voyage peu commun avec celui qu'il avait réalisé lorsqu'il était plus jeune. Je l'écoute, avide de ses propos. Je sens une connivence entre nous. Nous sommes liés par une quelconque énergie; le déjà-vu peut-être. Je lui confie mon dilemme face à ma nouvelle destination. Ses yeux pétillants me fixent. Je ne sais que dire. Il me demande quelle ville me parle le plus. Je lui réponds Saskatoon, près de la nature des prairies. Il sourit, je comprends : je dois écouter mon cœur.

❄

**1ᴱᴿ FÉVRIER 2001** – Dans la matinée, c'est l'heure de continuer ma route. De mon hublot, je salue mon ami Alastair et retourne à ma paisible solitude. Je m'endors sur mes aventures vécues à Churchill et me félicite de mon intuition…

# Mon intuition

*« La seule chose qui vaille au monde,*
*c'est l'intuition. »*
Albert Einstein

**J'IGNORE QUAND JE L'AI SU,** ni où, mais je dois aller à Saskatoon. Pourquoi m'arrêter dans ces banales, ennuyeuses, infinies, mortelles, torrides (en été), glaciales (en hiver), tristes, venteuses et monotones plaines ? Celles que la majorité des voyageurs traversent avec une impatience douce ou rageuse à en mordre leur volant !

– *« Bah ! Pourquoi pas ? Je prends le risque ! »*

Cette simple décision a quelque peu changé ma vie, voire même ma perception de la vie.

❄

**1ᴱᴿ FÉVRIER 2001 –** De Churchill je retourne à Winnipeg. Pour me gâter, je m'offre l'Everest sur Imax. Comme cette ville possède le plus grand écran au monde, ça en vaut la peine !

Il est dix heures du soir à la fin de la représentation. Il fait moins vingt degrés Celsius et j'ignore où dormir. Je suis placide et rassuré. J'avais prévu prendre mon sac de couchage rangé dans un casier et me trouver un spot dans la rue. Par coïncidence, j'aborde la caissière du théâtre. Je lui parle de mon voyage et de mon manque de logis. Elle est tout de suite prise de compassion et me déniche un refuge pour les sans-abris ; il ferme à onze heures.

Ici, ce ne sont plus des jeunes, désormais, mais des hommes. À Toronto, je me sentais bien plus dans une colonie de vacances. Ici, tout est régulier, quotidien, avec les mêmes hommes, le même mode de vie, la même vision de la vie. Les jeunes possédaient une grande volonté, ils avaient des buts, rêvaient d'une vie meilleure à laquelle ils s'accrochaient. Cette valeur est plus difficile à percevoir chez les aînés.

Le refuge est plein de bonnes âmes. Elles me fournissent un matelas et de la nourriture. Malgré tout, je passe une nuit inquiétante. Les vols sont réguliers, m'a-t-on avoué. Alors, je dors avec mes vêtements, je rattache mes lacets de bottes à ma cheville et d'un œil furtif, je surveille mes bagages.

Le lendemain, les yeux pochés, le corps courbaturé, je suis prêt pour continuer mon périple. Je vise un lieu près de la nature.

❊

**3 FÉVRIER 2001 –** Saskatoon. Qu'est-ce que je fais ici ? Il est deux heures du matin. Le train vient juste de me déposer. Le centre-ville est à onze kilomètres. *Well!* Était-ce la bonne solution ? Je déplie mon sac de couchage et dors sous les étoiles dans un champ avoisinant.

Je commence à prendre des habitudes de voyage. À chaque ville commence une nouvelle routine : je dois me diriger vers le centre d'information touristique pour prendre une carte de la ville et m'informer ; chercher les casiers pour y ranger mon encombrant sac à dos ; dénicher une place gratuite pour dormir et manger ; s'il n'y a pas de logement gratuit, trouver un endroit où me doucher ; finalement, découvrir, c'est-à-dire, pour moi, marcher.

Au petit matin, alors que j'avance sur le trottoir de ciment en quête des casiers, je tends l'oreille vers mon ventre qui se manifeste dans une lamentation de borborygmes. Il est vrai que je n'ai rien mangé. À cause de la nervosité, j'avais complètement oublié ma faim. Donc, je pense m'offrir une gâterie. Pourquoi pas un petit repas ?

J'entre dans un restaurant casse-croûte qui est fréquenté par beaucoup de jeunes. L'endroit est petit et décoré de peintures. Mon sac à dos trahit le voyageur que je suis. J'ai de la difficulté à me déplacer parmi les autres gens. Un gars m'aborde et je discute un peu avec lui. Il me confie que son amie, en me la montrant du doigt, parle français. Je reste agréablement surpris. Je dois dire qu'elle est la plus jolie de toutes les jeunes employées. J'aime ses longs cheveux noirs, son court toupet, ses jolis yeux pers et son franc sourire. Ses nombreux anneaux aux oreilles et celui au nez me plaisent aussi beaucoup. Je veux la connaître. Coïncidence, c'est elle qui prend ma commande. Je réussis à connaître son prénom ; elle s'appelle Jessica.

Celle-ci m'aborde dans un timide français. Je lui parle de mon voyage, elle démontre de l'intérêt. Je suis instantanément séduit.

Ce soir-là, Jessica m'invite chez elle. Je fais la connaissance de ses deux colocataires, Brenda et Alison. Elles aussi sont de jolies Saskatchewanaises dans la vingtaine. Elles sont étudiantes à l'Université de la Saskatchewan, basée à Saskatoon.

Ainsi, je passe quelques jours fantastiques avec Jessica, Brenda et Alison. Elles m'accueillent dans leur vie, me font connaître la ville, les bars et une foule de leurs amis. Je suis fou de joie d'approfondir ma connaissance de cette merveilleuse ville. Tous ces gens sont d'une amabilité rarement vue.

D'ailleurs, chez mes nouvelles copines, j'apprécie du fond de mon cœur leur enthousiasme à héberger un voyageur québécois et leur audace féminine. Je suis heureux d'avoir sauté sur cette occasion de m'ouvrir à ce nouvel environnement. Celles-ci avouent leur admiration concernant mon voyage et mes ambitions. Du coup, cela me met de la pression et je reste perplexe. Je ne fais que réaliser un rêve. J'aime être reconnu, mais je redoute l'arrogance et la prétention.

Un soir, alors que l'on revient d'un souper avec des amis, Jessica me parle d'elle. Dans son lit, nous discutons des heures. Elle compatit avec mes laborieuses explications. Je me sens chanceux, choyé, bien. Or, j'exprime de la gêne, visualisant une embrassade passionnée. Ce serait un rêve de toujours devenu réalité. En vain.

Confortables, nous dormons ensemble sous une belle nuit étoilée et chaude, pour un mois de février.

Dans mon cœur jusqu'à ce jour et toujours heureux, la fermeté fait maintenant place au doute. Je ne suis qu'à quelques heures des montagnes. Arrêter mon voyage ici? Pour une femme? Jamais je n'y avais songé!

Au moment de mon départ, Jessica ne manifeste aucun désir que je reste. Elle est consciente de mon rêve, de ma passion. Je suis soulagé, d'une certaine façon, car je pense que je serais probablement resté ici, avec mes amis, dans un endroit doux, quelque peu cosmopolite, avec une fille sensas.

# Jasper, le paradis sur terre?

*« Liberté : Elle réside à choisir en accord avec ce qui se passe autour de soi et des gens qui y sont. »*
Desikachar

**JASPER...** Qui n'a jamais entendu parler de ce village de rêve?

De ses hautes tours magiques qui emprisonnent des lacs cristallins aux eaux limpides et bleutées.

De ses placides et amicaux wapitis qui trottent paisiblement dans les bois avoisinants et même dans les rues.

De ses grandioses canyons où coulent des eaux tumultueuses et où on peut pratiquer l'escalade de glace l'hiver et une bonne pêche l'été.

De ses longues escalades vers les cimes aux neiges éternelles.

De ses remontées mécaniques vers les vertigineux centres de ski, où une descente peut demander plus de trente minutes.

De son rafting dans des rivières froides et étourdissantes.

De sa gratifiante source thermale.

De ses restaurants perchés à deux mille mètres d'altitude d'où on a une magnifique vue sur la petite ville, tout en dégustant un bon repas.

À moins que ce ne soit qu'une simple randonnée pédestre où on découvre un décor indescriptible qui provoque un sentiment d'euphorie, de paix.

Dit comme cela, on dirait bien le paradis!

Pour vivre mes premières attentes, je dois trouver un appartement, un job. Un travail en premier, car je décrocherai peut-être un logement réservé aux employés. Sinon, je regarderai les annonces dans le journal. Que c'est stressant!

❋

**8 FÉVRIER 2001 –** Je me sens anxieux, mais confiant. Malgré mon embarras, je m'informe et je demande. De toute façon, je suis seul dans cette joute de vie. Gentiment, James (un copain rencontré dans le train) me donne un coup de pouce pour rédiger mon curriculum vitae et les employeurs sont compréhensifs.

Deux jours plus tard, je travaille. Mon emploi consiste à faire le ménage des chambres au Marmot Lodge. J'apprends que plusieurs motels embauchent rapidement et toute l'année.

Le lendemain, soit le 11, j'ai un toit. J'habite un sous-sol que je partage avec deux Australiens et un Ontarien. Je suis choyé! Tous mes plans se sont concrétisés: cohabiter avec des anglophones, amasser de l'argent et avoir la chance de grimper! Enfin, ma passion pourra s'extérioriser. Que de joies!

Relevant d'une coïncidence, je revois Dave, un ami de ma ville natale. Celui-ci avait décidé de venir à ma rencontre et de s'établir ici. Depuis un mois, je vis ma propre vie, mes propres choix. Sans attachement, je désire me prouver et m'accomplir. Par conséquent, les visites chez mon compagnon se font rares. Heureusement, une inoubliable journée de planche à neige reste gravée dans mon cœur pour toujours. Te souviens-tu Dave, de cette volatile poudreuse? Ce haut sommet gravi à pied où le vent furieux n'a point brisé notre optimisme? Ce paysage enchanteur qui a déferlé sous nos yeux lors de notre descente?

Durant des années, des copains ou des connaissances m'avaient fait part de leur intérêt pour Jasper. Voilà pourquoi je m'y suis rendu : la curiosité et les montagnes.

❋

Très vite, je me fais des relations, dont plusieurs sont des Canadiens français. Québécois pour la plupart, je me lie d'amitié très facilement avec eux. Je ne sais pas pourquoi… Peut-être avons-nous tous le goût commun du voyage? Ou bien le même sang? Lorsque je leur demande pourquoi ils sont venus ici, les mêmes réponses me sont données:

– «*Pour tripper!*»

– «*Voir les montagnes! Le Canada!*»

– «*Apprendre l'anglais*» (la plus commune des raisons données).

– «*Se connaître*» (est-ce la meilleure façon?).

Je reconnais ce ravissement, cette quête d'autonomie à laquelle je prends part.

❄

C'est à mon travail que je rencontre deux anglophones avec qui je vis de très bons moments. L'un s'appelle Emerson, l'autre Nathan. Il me fait grand bien d'être apprécié par des gens différents de moi, même si cette différence est principalement linguistique. Quant à moi, je me considère dépaysé. Je désire m'ouvrir à tout ce qui est nouveau autour de moi et apprendre. Je ressens une énergie inépuisable, une volonté de fer et un orgueil ravageur. Pendant mes congés, je lance l'assaut vers un coin à découvrir, quelquefois même à contrecœur. Dans toutes nos expériences, il y a un message...

❄

Un jour, je me dirige en auto-stop vers le centre de ski Sun Peaks (en Colombie-Britannique) pour un concert. Sur place, je me rends compte que j'ai fait une erreur sur les dates de représentation. Je suis déçu, mais sûr de vivre une nouvelle aventure. Rêveur, je fixe le sommet... Cinq minutes plus tard, j'amorce son ascension.

– «*Tant qu'à être ici, je vais faire un bivouac*», me dis-je en ne considérant aucune perte de temps.

En route, je discute avec un Asiatique à l'aise financièrement. Il me fait part de son chic condo loué, de ses fêtes à bar ouvert. Moi, je lui parle de mon escalade et de l'intention de dormir au sommet à la belle étoile. Gratuitement. Je ne ressens aucune jalousie, pour une rare fois. Je réalise que l'argent n'est pas essentiel, avec compromis, dans l'exécution de nos objectifs.

Cette nuit du 6 mars 2001, au-dessus des nuages, est magique, quoiqu'un peu froide.

Comme pour l'ascension du Sun Peaks, j'explore la vie qui m'entoure. Je réalise sans cesse ce qu'il y a de beau à l'extérieur de mon nid. Je fuis Jasper. Le pouce levé, je parcours les routes en solitaire. À Calgary pour une visite ou à Kamloops pour un perçage à l'oreille. La distance m'importe peu.

❋

**18 MARS 2001 –** Je n'ai qu'un but : grimper le Signal Mountain, une montagne de 2 312 m. Je veux en faire l'ascension par une nouvelle voie. Je vais réussir ! Telle est ma destinée.

– « *Si je ne reviens pas après-demain, appelle les gardes de parc* », dis-je à Adam mon colocataire ontarien.

– «*You crazy French man !*»

Si je suis fou ? Cette réplique, je l'entends bien souvent. La raison est simple : ce que je fais semble parfois au-delà du réalisme quotidien de Jasper. Je me sens unique, intense et passionné. Ma limite, inconnue, semble infranchissable et loin devant moi.

Immédiatement après ma journée de travail, j'empoigne mon sac à dos à l'appartement et j'amorce la première partie de mon ascension par un petit sentier. Au coucher du soleil, j'étends mon sac de couchage sur un lit de mousse entouré d'une forêt de pins. Assis confortablement sur ce petit plateau au sommet d'une colline, je prépare mon souper. La vue est panoramique, le ciel sans nuages.

Au petit matin, après une nuit de roi, j'observe le ciel maintenant gris. Je suis excité, quoique inquiet. Les prévisions météorologiques annoncent une forte chute de neige en altitude. Insouciant, le monde de la montagne s'ouvre à moi, je prie pour être protégé.

J'avale un copieux déjeuner et je calcule mon azimut. Je suis prêt pour amorcer la deuxième partie de la grimpe. Plus j'atteins de l'altitude, plus la neige s'accumule sous mes pieds. À travers l'épaisse végétation, je me guide à l'aide de ma boussole, mon alliée.

La neige s'amoncelle maintenant de trente centimètres, quelquefois jusqu'à cinquante centimètres et plus. Nous sommes en mars et la neige n'a pas encore fondu comme à la base de la montagne. Une heure plus tard, j'aperçois l'obstacle numéro un : une vallée.

– «*Non ce n'est pas vrai*», chuchotai-je à l'intérieur de moi-même.

Or, ma volonté et mon désir sont si ardents que je la traverse en moins d'une heure. Fatigué, je ne m'attarde pas à cette douce neige qui dégringole du ciel.

Je commence à prendre de l'altitude. Le tapis blanc s'élève désormais jusqu'à mes cuisses. Inlassablement, il cherche à me ralentir, à m'épuiser. Mon corps me crie «repos»! À cause du poids de mon sac à dos, mes hanches sont douloureuses. Pas à pas, mes cuisses élancent. Mes bottes sont trempées, mes pieds sont glacés. Les yeux mi-clos par la fatigue, la douleur et l'écœurement, je vois le sommet. Je crie :

– «*J'y suis !*»

J'avance de quelques mètres et réalise :

– «*Oh non ! Encore un maudit plateau !*»

Pourquoi persister dans cette marche difficile ? Hé oui ! Il y a une grosse part d'orgueil ; celle qui veut souvent me pousser très loin dans le dépassement de moi-même.

Un autre obstacle : un éboulis de roches.

Il neige maintenant abondamment. Je ne distingue plus le sommet.

– «*Avoir tout fait ce chemin pour rien ! Pas question ! Quoi qu'il y ait sur ce chemin, je la grimperai, cette foutue montagne.*»

Je rage en mon for intérieur. Je sais pertinemment que mon but est tout près. Une vague de confiance et d'énergie supplémentaire me traverse le corps. Toutefois, je crains de me perdre. La visibilité est très réduite. Heureusement, j'ai une boussole et j'ai confiance en elle.

Six heures ont sonné depuis mon départ. Finalement arrivé au sommet, je suis épuisé. Le vent et la neige qui me fouettent sans accalmie sont mes seules félicitations. Malgré tout, je suis euphorique et j'extériorise ma joie par un long youhou! Suivi d'un sourire de fierté, d'un cœur qui vit.

Mes jambes menacent de céder sous mon poids. Mon estomac crie famine. Alors, je fais comme je l'avais vu dans mes films d'alpinisme et mes revues : aidé de mon piolet artisanal, je creuse un trou dans la neige dans l'intention d'y passer la nuit.

Durant mon forage, Jasper et les montagnes avoisinantes se dévoilent un court moment entre les épais nuages gris et blancs. Je m'arrête malgré moi et ressens un sentiment d'admiration devant ce cadeau mérité. Cependant, je ne vois que l'achèvement de mon trou et le sommeil.

Dans mon sac de couchage, je visualise l'apparition de mes premières montagnes dans le train… le fervent désir de les grimper toutes, de les connaître. J'ai eu des papillons dans l'estomac, tellement j'admirais leur beauté. J'étais néanmoins resté déçu face à ces géantes. Je les avais rêvées durant tant d'années ; je m'attendais donc à une plus forte réaction de ma part.

D'ailleurs, à Jasper, je vis toujours un sentiment d'illusion, un faible scepticisme. J'habite les montagnes depuis un mois et néanmoins, je n'ose réellement y croire. Voilà la raison pour laquelle j'ai voulu grimper Signal Mountain.

Dans mon trou, je ressens un fort désir d'aventure, de découverte. Celui que je possédais déjà est remplacé par un plus vif. Je prends conscience que jamais, de toute ma vie, je n'ai vécu une telle expérience de persévérance.

La nuit est longue, mon sac de couchage, humide. Des frissons me parcourent l'échine de temps à autre. Bien sûr, comme si l'occasion s'y prêtait, j'ai envie d'uriner souvent. Je ne peux pas sortir, car cela engendrerait une perte de chaleur dans ma grotte. Alors, j'ouvre mon sac de couchage à la hauteur de mon sexe et, dans une acrobatie du bassin, je tente de viser la neige et non mon tapis de sol. Je me débrouille assez bien, mais cette méthode n'est pas infaillible à tout coup. Je ris de cette conséquence de l'alpinisme et réussis malgré tout à trouver le sommeil entre deux pipis.

La marmotte se réveille à quatre heures du matin. L'infini opaque laisse montrer ses milliards d'étincelles statiques. Le vent se bagarre contre ma porte de neige. Un souvenir de Churchill fait surface. Alors, je prends de grandes précautions.

Dehors, je distingue les points lumineux de Jasper. Éclairé par ma lampe de poche, j'espère que les gens s'interrogent sur cette source lumineuse. Qui peut bien être cet être loufoque devant ce fond d'étoiles ?

Le retour me demande quatre heures. En route, je me promets une bonne douche chaude et un bon hamburger au poulet avec des frites bien grasses.

Arrivé au village, je regarde celle que j'ai vaincue. Instantanément, je suis pris d'un haut-le-cœur. Elle m'a demandé beaucoup. Ce sentiment disparaît le lendemain, après un profond sommeil. Du coup, j'ai maintenant une autre perception des montagnes. Surtout celle qui se nomme Signal.

Plus les aiguilles de l'horloge tournent, plus je deviens agacé et fatigué. Je ne démontre presque plus d'enthousiasme à me rendre au boulot. Celui-ci est devenu répétitif. Le nettoyage comme gagne-pain, ce n'est pas pour moi. Je me motive à parler aux touristes étrangers. Ceux-ci partagent avec moi leur pays, leur culture et eux-mêmes.

Je comprends aussi que pour plusieurs, l'alcool, la drogue et le sexe sont considérés «essentiels» à leur définition d'une vie de jeunesse. Je trouve dommage de voir ces jeunes ambitieux se soûler presque tous les soirs. Malheureusement, plusieurs ne respectent pas le choix de sobriété d'autrui. Bien des fois, je me laisse convaincre, voulant être apprécié et accepté. Néanmoins, ne vous méprenez pas. Je bois aussi par désir de m'amuser et je n'y laisse pas ma place…

Il ne faut pas se le cacher : Jasper, Banff, Waterton, Dawson City, les villages de la vallée d'Okanagan, Whistler, Tofino, Nelson, Fernie, Squamish sont tous des endroits vers lesquels plusieurs Québécois sont attirés chaque année. Ils sont populaires pour leurs beaux paysages, leur site souvent idéal pour la pratique d'un sport, comme les montagnes pour le ski, les plages pour le surf, les falaises pour l'escalade, etc. Dans ces endroits, la nature est à portée de main et il y a la possibilité d'y trouver un emploi à cause de la forte concentration annuelle de touristes. Ainsi, ce sont de petits paradis terrestres. Le fait d'y résider suscite une certaine débauche. Boire, prendre de la drogue ou faire l'amour contribuent à augmenter les plaisirs ressentis dans ces paradis. On s'y permet tout, une vraie liberté d'expression. C'est un peu comme le décrit le film américain *The Beach*, avec Leonardo DiCaprio.

À l'appartement, mes colocataires deviennent irrités de se répéter régulièrement pour que je puisse comprendre. J'ai conscience de leurs efforts et les remercie de leur si belle patience. Or, il m'est toujours aussi frustrant de ne pouvoir exprimer l'être que je suis. J'aurais le goût de connaître mes amis anglophones tels qu'ils sont.

Plusieurs fois, je m'adosse seul à un arbre centenaire. Celui-ci se dresse sur une haute colline où une mer de montagnes défile sous un ciel sans limites. En dessous, il y a le village. Plongé dans mes pensées, je ne cesse de me trouver courageux d'accomplir mon projet dans de telles conditions. Ma détermination, ma volonté sont comme le ciel bleuté devant moi : infinies et profondes.

Plusieurs matinées, chaque semaine, le train de voyageurs fait une halte en ville. Je le distingue de la chambre où je frotte. Je m'imagine quittant la ville, accroché à celui-ci tel un vagabond qui ne vit que de l'inconnu, pour qui chaque jour est nouveau. Sans responsabilité, il bourlingue. Il a confiance en la vie. Il respire une liberté riche en connaissance, ne vivant que de ses besoins. Sans matérialisme, rien. Que de la simplicité. Seul, il rencontre des gens. Il ne fait que ce que son cœur désire. Tout lui est possible. Il vit sa vie à cent pour cent.

**26 AVRIL 2001 –** Je suis prêt pour le grand départ, je veux quitter Jasper. Je profite des derniers instants avec mes quelques bons amis : Emerson, Nathan, Nicole, les deux Mélanie et mes colocataires. Sur scène, Bif Naked et les filles de LiveonRelease donnent leur spectacle punk rock.

Moi, je danse et lève le coude avec mes amis, pour une dernière fois peut-être. Les adieux sont souvent mélancoliques. J'ai conscience que je m'attache facilement. Comment ne pas l'être lorsque ce sont tous des gens merveilleux! Ces souvenirs mémorables resteront à jamais dans mes pensées.

Je ne regrette nullement ces deux mois et demi. Ce village a beaucoup contribué à mon intégration au monde anglophone malgré le nombre élevé de francophones. Ils étaient tous jeunes, comme moi, et ils ne voulaient que profiter de leur jeunesse et mordre dans la vie à belles dents. Pour le reste, c'est à chacun de faire les choix qui s'imposent.

# Sur la route,
# le pouce brandi

« *Dans la vie, c'est en risquant*
    *que l'on grandit.* »
Billy Rioux

**27 AVRIL 2001** – Mélanie me dépose au Lac Louise. Il pleut sur moi, mais il neige en montagne. La chanceuse, elle, va skier.

Debout sur l'accotement, je lève le pouce. Je suis mélancolique. Je repense à mes quatre derniers mois. Ils ont été remplis de leçons, de péripéties. Reflet d'une année stable. Que deviendrai-je dans les prochains mois ? Toujours sur la route, en nomade…

Je me suis initié aux voyages sur le pouce pour la première fois à l'âge de seize ans. Je me rappelle encore l'excitation et la joie au retour. Jamais je n'avais vécu quelque chose de semblable. Mon ami Phillipe et moi avions rencontré des gens sympathiques. Tout s'était déroulé dans l'ordre. Vivre avec l'incertain et le risque, j'ai aimé ça dès la première caresse. Ce sentiment m'est resté collé au cœur. Il aurait été toutefois différent si nous avions eu des problèmes.

Bien sûr, mes parents détestaient que j'utilise ce mode de transport. Pour ma part, j'adorais rencontrer sans cesse des gens différents. Sa gratuité m'attirait aussi. D'un autre côté, il demeurait imprévisible et dangereux.

Lorsque j'étudiais à Québec, je m'étais lancé dans un tour de ma province sur le pouce. Il était important que je connaisse d'abord le Québec. Du coup, j'ai assimilé une connaissance de base sur ce type de voyage.

❋

Sous cette douce pluie, je me sens excité et nerveux. Un pincement d'angoisse se faufile. Serai-je capable de survivre sur la route si longtemps ?

Je me considère bien courageux d'avoir abandonné mes amis, mon emploi, ma chambre, bref, toute ma sécurité. Je n'ai fait qu'écouter mon cœur qui m'a chuchoté :

– « *Pars, Billy. Tu sais bien que tu n'es pas heureux ici…* »

Je prends conscience que nous bâtissons des châteaux dans notre vie. Ils sont fantastiques, opposant un effet illusoire au réalisme. Ils sont magiques. Un par un, ils prennent vie. Par des choix, ou plutôt un seul, ils s'écroulent. Ils s'évaporent dans un son tonitruant. Il n'y a personne autour, sauf soi-même, à fixer le voile de poussière, les larmes aux yeux, la tristesse au cœur. Or, à l'intérieur des décombres, une vive lumière naît, douce, énergisante qui demeurera en soi éternellement. Cette lumière nourrit. La vie est faite pour bâtir et rebâtir, concevant une suite sans fin de joies, de courage et de connaissance.

J'ai une heureuse pensée pour ma famille. J'ai souvent songé à elle. Cependant, l'ennui ne m'arrache point au présent, malgré le bel amour que j'ai pour elle. À un moment donné, j'ai appris une magnifique nouvelle. Ma sœur et ma cousine seront à Victoria en juillet. Toutes les deux vont s'investir dans un programme gouvernemental. La vie va faire en sorte que tous les trois, nous serons réunis à l'autre bout du Canada. Le fait qu'elles aient été choisies comme participantes pendant que je suis en voyage dans l'ouest du Canada reste un mystère. Je m'accroche à l'idée de les revoir à Victoria.

❋

Ho ! Quelqu'un arrête. Direction Calgary pour un concert du Much Loud Tour. J'adore ces groupes punk, rock ou alternatifs qui donnent au public tout ce qu'ils ont à donner. L'atmosphère amicale et joviale me fait oublier tous mes tracas. Je m'arrange pour être dans le *mash pit*. Sous la musique de Godsmack, tout le monde chante, danse, hurle. Des jeunes arborent un style vestimentaire satanique, des filles se mettent seins nus, on se parle les uns aux autres, je surfe sur les gens. Une place de rêve pour s'amuser librement, extraire sa colère et ses peines.

Vingt-quatre heures plus tard, je regagne l'endroit où j'ai dissimulé mon sac à dos, sur les rives de la Bow River, dans un parc du centre-ville.

Je ne veux pas abuser des refuges. Je préfère monter ma tente lorsque je prévois rester à un endroit pour peu de temps. D'ailleurs, j'aime ma solitude. Pourquoi les berges d'une rivière ? Les passionnés de camping sauvage le savent bien : à cause de l'eau pour la nourriture et la toilette. D'ailleurs, ces parcs sont souvent à proximité des centres-villes, par le fait même, tout est à la portée de la main, sans qu'on ait à prendre le bus. Finalement, j'adore tomber dans les bras de Morphée au son de cette douce mélodie donnée par Mère Nature. Je m'endors plus facilement et le sommeil est beaucoup plus récupérateur. Bien sûr, je garde toujours espoir qu'un être charitable m'offre un toit.

Le principal inconvénient est que ma tente est souvent disposée à la vue des gens, ce qui crée continuellement un brin d'anxiété en mon for intérieur. Des curieux se sont souvent approchés ou ont facilement aperçu ma tente bleue. Heureusement, j'étais à l'intérieur ou à proximité. Merci à ces honnêtes personnes qui ont sympathisé avec le désarroi d'un voyageur fauché.

Après une trempette dans une eau glaciale de qualité douteuse, j'ouvre une bouteille de vin espagnol que j'avais reçue comme pourboire à mon travail et la déguste, le cœur pétillant de vitalité et d'excitation. Je célèbre ainsi ma première nuit dans cette grande escapade de la vie.

**28 AVRIL 2001 –** Calgary est une ville en grande expansion. Il y a une forte demande de main-d'œuvre. De grandes festivités s'y déroulent chaque année. Qui n'a jamais entendu parler du fameux Stampede où, annuellement, ont lieu des concours de rodéo, des courses de chariots, etc., dignes des grands cow-boys ? Ici, les gens sont très accueillants et respectueux. Cependant, l'exode des habitants des villages de la Saskatchewan et de l'Alberta est dû beaucoup à l'attraction que produit Calgary. Par conséquent, il est cher et difficile de s'y loger. C'est surtout à cause des plaines ondulées et des blanches montagnes éloignées que je n'oublierai jamais cette ville. Une perspective bien différente.

Je suis maintenant résolu à suivre les routes de province en province. Une à la fois. Je désire me laisser guider par les recommandations et par mes intuitions.

❋

**1ER MAI 2001 –** Je mets pied au pays des dinosaures : Drumheller. Une intersection, de hauts poteaux électriques qui s'éloignent pour ne devenir que des cure-dents, tout autour de moi n'est que champs plats et vastes, clôtures sans fin délimitant les quelques zones agricoles, soleil ardent dans un ciel limpide. C'est tout ce que je distingue.

– « *Ouais ! Tu ne pouvais pas frapper plus trou, mon Bill.* »

Un homme prend pitié et immobilise son véhicule près de moi. C'est lui qui me dévoile les beautés des Badlands. Dans une vallée, de hautes formations rocheuses se dressent ici et là. D'élévations variées, elles sont toutes de teinte semblable. En bandes horizontales, on y aperçoit le gris, le noir, le brun, le gris et de nouveau le noir. Quant aux plus petites, elles sont plutôt d'une teinte uniforme gris pâle ou foncée. Chaque strate de couleur témoigne de plusieurs siècles de passé géologique, d'une histoire. D'ici, je trouve le paysage irréel, comme si je revivais le temps de la préhistoire.

Il y a des millions d'années, toute la région des Badlands n'était qu'une plaine côtière marécageuse sillonnée de cours d'eau. Des dizaines d'espèces de dinosaures avaient trouvé refuge à proximité. Or, durant des décennies, plusieurs dinosaures se sont embourbés dans les marais ou noyés dans les fortes inondations périodiques. Leurs ossements se sont ainsi fossilisés dans le lit des rivières et des marais. Des siècles durant, la pression terrestre a transformé leurs dépôts en roche et, à la suite de la dernière glaciation, leurs fossiles ont été graduellement exhumés des couches sédimentaires. Par ce fait historique, les paléontologues et spécialistes d'aujourd'hui réalisent sans cesse de nombreuses découvertes sur le site. Celui-ci constitue une vraie richesse naturelle, un des endroits les plus riches en fossiles au monde, d'après l'UNESCO.

Après un bon déjeuner offert par mon ami, il poursuit sa route vers Saskatoon… et moi la mienne.

✳

Sous mes pieds, des événements si lointains se sont déroulés, si mystérieux. Je reste avide de toutes ces nouveautés. Si bien qu'après la visite
des sentiers de touristes «moutons», tel celui qui mène au plus grand
tyrannosaure au monde situé au Royal Tyrrell Museum of Paleontology
ou à la Hoodoos Trail, je ne suis point rassasié. Je pars donc moi-même
à la découverte d'ossements.

Je fais connaissance avec un passionné du domaine. Il tient une bou-
tique où il vend toutes sortes de fossiles, des dents jusqu'au gigantesque
crâne. Des vrais! C'est ce qu'il me jure. Celui-ci me guide dans les endroits
propices à mes recherches. À chaque trouvaille, il m'offre de m'informer sur
sa datation approximative.

Ce n'est pas évident. Un après-midi, je déniche deux vieux os. Ma satisfaction est de courte durée. Mon spécialiste m'informe qu'un d'eux appar-
tenait à un bison, l'autre à un chien de prairie. J'avais oublié que les os de
dinosaures se transformaient en roche avec les millions d'années.

Je suis décidé plus que jamais à en découvrir un. Dans mes recherches,
de nouveaux paysages se dévoilent à moi, reflétant tous une aridité particulière. J'aperçois des oiseaux de proie, des cactus, des chiens de prairie,
des insectes, différents de ceux de l'est du continent, et un cerf-mulet.
D'ailleurs, je sais que les rivières accueillent une foule d'espèces de serpents. Avis aux intéressés! Quant à moi, je préfère m'en éloigner.

Je découvre mon fossile lors de ma troisième journée. Il se trouve au pied
d'une vallée rougeâtre. Celle-ci est parsemée de petites tours. Ces solides
élévations ont été créées par la pression terrestre. Elles sont constituées de
sable compacté et coiffées d'une roche aplatie. Ces monuments se nom-
ment ici *hoodoos*. L'apparence rocheuse d'une racine grise m'avait fasciné.
Je m'étais approché et avais constaté avec surprise une forte ressemblance
avec les racines appartenant au monde des vivants. Comme si une sorcière
maléfique l'avait, d'un souffle, transformée en pierre. À la suite d'une analyse par mon paléontologue amateur, j'ai la satisfaction d'être le propriétaire
d'un fossile d'arbre!

J'aime bien Drumheller. Or, ses paysages secs ne m'attirent guère plus longtemps. J'avais remarqué que les résidants étaient assez philosophes et aimables.

**3 MAI 2001 –** Je lève le pouce vers ma prochaine destination. Une femme immobilise son pick-up. Elle possède une silhouette obèse, de longs cheveux noirs et des yeux perçants. Elle porte une veste et des pantalons noirs, en cuir. Une bague proéminente portée au majeur est reliée à une chaîne sur son poignet. J'ai un moment d'hésitation… que je tais en grimpant à l'intérieur de son vieux camion.

Cette *biker* passionnée des Harley Davidson me fait vivre la vie du coin. Des villages minuscules sur un fond de collines brunes. D'un bar à l'autre, elle me paie la bière et me présente chaleureusement à ses amis. Elle me fait connaître quelque peu l'amour des Harley Davidson. Une passion partagée par la plupart de ces gros barbus que l'on voit régulièrement sur les routes. La majorité d'entre eux sont des gens pacifistes qui respectent autrui. Malheureusement, le visage cruel des gangs de motards criminalisés qui tuent des innocents dans leurs guerres, nous est projeté comme représentant la majorité. Je crois qu'il importe de s'ouvrir les yeux vers le bon côté, comme pour tout dans la vie. Cette journée-là, je m'ouvre à ce qui est bon chez les motards.

Le nouveau que je suis pique l'intérêt de quelques habitués. Les consommations abondent, preuve de leur générosité. J'ai beaucoup de plaisir à exprimer mes buts et ce que je suis à des personnes ayant une grande écoute. Mon anglais s'est beaucoup amélioré en quatre mois et je suis fier de moi.

Comme je suis soûl, ma nouvelle amie m'offre de m'héberger. J'accepte, mais une petite méfiance m'habite toujours. Veut-elle quelque chose en retour? Non, elle le fait de bon cœur parce qu'elle aussi a voyagé à travers le Canada. Au moment de notre «Au revoir», elle m'offre un T-shirt du rassemblement annuel des Harley Davidson à Wayne, un souvenir de ma nuit dans les Badlands.

Une page se tourne, une autre s'ouvre: Lethbridge.

✳

**4 MAI 2001 –** J'adore l'accent cow-boy que possèdent certains individus du sud de l'Alberta, où s'étalent des villages qui vivent majoritairement de la ferme. Je me dirige vers Lethbridge, principalement pour revoir une connaissance de voyage. Matthieu, mon bon copain d'enfance, et moi l'avions rencontré lors d'un voyage autour de la Gaspésie sur le pouce. Trois ans avaient passé depuis. Nous avions échangé nos adresses et je désire maintenant le revoir pour partager avec lui nos chemins de vie.

Malheureusement, celui-ci est parti en Autriche pour enseigner l'anglais. Malgré tout, j'ai la chance de converser avec ses parents. Dans une ambiance joviale, je demande si leur fils leur manque. Ceux-ci baissent les yeux. J'en traduis une vague de tristesse.

– «*Il nous manque beaucoup, mais c'est sa vie, ses choix*», me confient-ils.

Par la suite, ceux-ci me parlent passionnément des ambitions futures et passées de leur fils. Une lueur d'amour, de fierté se dessine maintenant dans leurs visages. Je reconnais le parallèle avec ma famille et moi. Tant que je n'aurai pas d'enfant, je ne pourrai que compatir. Or, ce jour-là, j'ai pu entrevoir un vague sentiment, celui que vivent les parents lorsque leur fils part à l'aventure.

✳

Je veux profiter de quelques jours à Lethbridge. Ma tente est posée sur la limpide rivière Old Man.

J'aime bien ces collines sèches et déboisées où l'on observe de petits cactus plats et ovales. Plus loin, l'université est perchée sur un haut coteau, celui qui se jette graduellement dans la large rivière Old Man. Le vertigineux et long pont ferré qui servait au transport des minerais, ainsi que le parc boisé en dessous, me font vivre un retour en arrière. Je m'amuse à observer des centaines de chiens de prairie qui jouent dans ce vaste terrain de jeux. Cependant, dans cette ville un élément restera gravé dans ma mémoire : le vent.

J'ai installé ma tente sur la berge. Je prévois visiter les alentours pendant quelques heures, tout au plus. Les heures passent et je remets sans cesse mon retour. De toute façon, le temps n'existe pas, ni les obligations.

Or, à la mi-journée, la brise matinale se transforme soudainement en un vent violent. Elle projette une fine poussière volatile dans l'air. Celle-ci me colle à la peau du visage. Jamais je n'ai connu de telles bourrasques...

Je ris. Yahoo!! Je me laisse bercer debout, les yeux fermés, perché sur un haut belvédère. Soudain, j'y pense...

– « *Ma tente!* », criai-je à moi-même.

Ma plénitude fait place à l'angoisse. Je retourne à mon gîte au pas de course. Mon cœur bat la chamade. L'adrénaline parcourt mon corps.

Ouf, elle est là! Sur la berge, elle est toujours dressée, quoiqu'elle soit bien agitée. J'apprends ma leçon et me promets de faire attention à l'avenir.

**7 MAI 2001 –** Comme je l'avais présagé, trois jours après mon installation, deux policiers viennent s'informer sur ce routard. Aimablement, ils m'avertissent que je dois partir. Je n'ai pas le droit de camper ici et des gens ont déposé des plaintes. Cependant, ils me laissent, tacites, une dernière nuit.

Parfait! Je m'ennuie des montagnes, moi. *Let's go to Waterton!*

Les marches d'approche de la sortie d'autoroute, au centre-ville et vers mon spot, ont été, au cours de mon année, toujours très difficiles physiquement. Bien souvent, j'ai dû marcher des kilomètres avec mon sac à dos. Comme l'a été cette pénible journée en direction de Waterton. J'ignorais à chaque ville les horaires d'autobus et de toute façon, je désirais économiser cet argent. Ainsi, j'en profitais pour visiter le plus possible la ville. Une laborieuse routine s'était installée ainsi et je ne voulais pas m'en défaire.

Plus le temps filait et plus j'appréciais la sensation d'une bonne douche chaude. Les douches d'université, des gymnases, des piscines publiques, des motels, d'un particulier, des trucks stops, des marinas ont été des endroits accessibles que j'ai apprivoisés en cours de route. Cependant, bien souvent, ils étaient payants ou bien hors de mon trajet.

Mes bains glacials à la débarbouillette étaient toujours très rapides. Un, deux, trois, vas-y! Ouf! Ouf! Que c'est froid, merde! O.K., ahhhhh! Que c'est froid pour les «chenolles»! Ouf! Ouf! Concentre-toi sur ta respiration.

Mets du savon sur ta débarbouillette. Inspire et expire, inspire et expire. Bon, frotte et n'oublie pas « l'endroit » Bill! Qu'est-ce que je fais ici, bordel? Bon, y'a pas personne qui regarde. O.K.! J'en peux plus, je sors. Crime qu'elles sont froides les rivières en mai!

Je me souvenais d'un bon lit douillet. Assez régulièrement, une roche s'était incrustée sous ma tente. Ce qui m'avait laissé une vilaine courbature le matin et me faisait pester contre mon mode de vie.

Ma nourriture était toujours la récompense de mes efforts pendant mon voyage. Ma cuisine a été souvent diversifiée et délicieuse. Quelquefois, je concoctais un chop suey, des légumes, un pain frais sur les braises d'un feu de camp, des légumineuses, des gâteaux, des crêpes et bien sûr de succulentes pâtes. C'est seulement après avoir fait une épicerie que j'en profitais pour déguster des viandes, du lait ou d'autres produits périssables.

Bien souvent, bref trop fréquemment, je sautais des repas. Je vivais à chaque fois avec la crainte de perdre un bon *lift*. D'aller vite, de tout faire vite. Mon corps me donnait souvent des indices, mais je ne l'écoutais pas.

Je désirais que la structure du temps n'existe plus. Je dormais quand j'étais fatigué, je mangeais quand j'avais faim. Fallait-il seulement que je le sache? Je m'étais d'ailleurs séparé de ma montre. Façon d'être contre le stress horaire qui dirige notre société. Je ne voulais aucune obligation ou presque. Je m'en créais. Des soucis? L'insécurité surtout. J'étais toutefois exalté par ce nouveau mode de vie bohème.

# La mort vue de près

*« Le courage d'un homme est dû à sa volonté. »*
Billy Rioux

**J'AI FAIT UN MAUVAIS RÊVE.** Il m'arrivait un accident (je ne me souviens pas exactement comment) et j'étais incapable de rejoindre ma sœur Kathy, à Victoria. Au matin, je fais des efforts considérables pour éviter d'y songer. Je préfère visualiser notre rencontre, mais ce pressentiment reste dans mes pensées. À tel point que je suis anxieux.

**8 MAI 2001** – Waterton. Il ne m'a pas été facile d'atteindre Waterton. À Pincher Creek on déteste les *pouceux*, à Lethbridge aussi. J'ai entendu des gens parler méchamment dans mon dos. Il y a aussi des hommes qui m'ont fait signe de me tasser du chemin. J'ai été la cible de plusieurs *fingers*. Pourquoi cette haine ? Peut-être est-ce le fait que je quête ? Que j'ai une vie différente du métro-boulot-dodo ? Et si je suis bien ainsi ? J'ai de la difficulté à comprendre pourquoi ces gens ne me respectent pas.

Malgré tout, je m'attarde sur les belles expériences. Par exemple, celle que j'ai partagée avec Colin, un jeune homme avec qui j'ai visité le Centre d'interprétation Head-Smashed-In Buffalo Jump, un site archéologique. Il dévorait l'instant présent. Il m'a confié ses projets de vie avec sa copine. À bord de sa motocyclette, nous nous sommes promenés sur de respectables montagnes boisées, avec les douces rivières qui les sillonnent. Il m'a fait découvrir le col du nid de corbeau où une historique explosion minière a jadis enlevé la vie à cent quatre-vingt-neuf braves mineurs. Une triste catastrophe qui a fait pleurer bien des générations. Pour terminer, il m'a fait visiter son village et présenté à ses parents. Une journée, des endroits, des gens dont je n'aurais rien su sans la bonté de Colin.

❋

Gratuitement, un minibus Greyhound m'a embarqué pour Waterton. À l'intérieur, j'ai fait la connaissance de deux filles. Elles venaient de deux grands centres urbains différents. Elles avaient été embauchées au Prince of Wales Hotel pour une durée de six mois. L'une n'en était pas à ses premiers pas hors du nid familial, l'autre si. Je revois l'anxiété ronger celle-ci, assise seule, en silence. Elle est éloignée des bases solides que représente sa famille qui lui procure confort et sécurité. Je sens chez elle l'angoisse d'affronter une situation inconnue. De telles circonstances font quelquefois ressortir les émotions, telles ses larmes qui pointaient au creux de ses yeux. Au-delà de ses larmes se cache une force. Or, pour la ressentir, elle doit avoir confiance. Cette femme, n'ayant pas été encouragée souvent dans sa vie, se sous-estimait beaucoup. Avec le temps, la conscience et l'acceptation, je sais qu'elle en sortira le cœur gonflé de succès. Fallait-il seulement avoir le courage de commencer sa quête. Bravo!

Super! Le camping du Parc national du Canada des Lacs-Waterton est encore fermé. Cela me permet d'y poser ma tente tout à fait gratuitement. Je suis maintenant soulagé en visualisant ma dernière nuit; caché dans les bois, sur une pente d'au moins vingt degrés.

Ce site aménagé est très achalandé durant la période estivale. Malheureusement, plusieurs animaux, notamment les ours et les mouflons d'Amérique, ont appris à faire confiance à l'être humain et, à la longue, certains associent l'homme à la nourriture. Aussi s'approchent-ils dangereusement des tentes ou des habitations. Imprévisibles, il n'est pas rare qu'ils attaquent lorsqu'ils se sentent menacés. Ce qui engendre habituellement un déplacement forcé de ces mammifères dérangeants ou leur mort s'ils démontrent une trop grande agressivité. Les gardes de parc font beaucoup d'éducation en prévention auprès des touristes. D'ailleurs, le slogan : « *Un ours nourri est un ours mort* » est affiché à plusieurs endroits.

Bien sûr, les avertissements ne sont pas pour moi. Je suis l'ami des animaux. En être égoïste, je m'approche d'un mouflon d'Amérique mâle. Il est splendide. Il possède de puissantes cornes spiralées. Il broute avec nonchalance l'herbe fraîche et verte. Plus apprivoisé que ceux de Jasper, celui-ci ne semble guère dérangé par ce touriste idiot, c'est-à-dire moi.

Cependant, il ne cesse de me fixer continuellement du coin de son œil veiné. À trois mètres de lui, je prends une photo. Je l'importune maintenant. Je le sais par les tics nerveux de son corps et dans ses yeux. Je recule lentement et, finalement, le laisse tranquille.

❋

**9 MAI 2001 –** À mon arrivée à Waterton j'ai évalué la falaise face au Prince of Wales Hotel. Vue d'en bas, elle semblait facile à grimper. Sa hauteur est d'environ cent à cent cinquante mètres. Plus haut, je voyais que l'inclinaison et les arbres permettaient d'atteindre le sommet de la montagne. Je veux en faire l'escalade, relever ce beau défi.

Je m'étais procuré à Jasper un équipement d'escalade portable, comprenant une corde statique de seize mètres, une corde de cinq mètres pour le baudrier, trois sangles, quatre mousquetons, une cordelette d'un mètre et quelques coinceurs artisanaux dont l'assemblage se compose d'un boulon percé d'une petite cordelette qui est fixée à elle-même par un nœud de pêcheur. À la différence d'une randonnée en montagne, l'escalade demande beaucoup plus de matériel et de technique. Sa définition est de gravir une paroi rocheuse très abrupte.

❋

D'où vient cette passion de grimper ? D'un merveilleux copain : Matthieu. Cet ami d'adolescence dont j'ai déjà parlé. Celui-ci m'a initié à la véritable escalade à l'âge de seize ans. Instantanément, j'ai éprouvé une grande satisfaction.

Matthieu a toujours eu un don, celui d'une bonté sans bornes ; d'une amitié facile avec tout le monde. Il est un bel homme passionné et curieux de tout. Voilà pourquoi il étudie le tourisme. Il vit de l'espoir de devenir un fameux guide d'aventure parce qu'il désire partager cette joie transmise par la nature ou dans la pratique d'un sport. Je sais qu'il est doué dans ce domaine. Je sais aussi qu'il m'apprendra toute ma vie.

L'été de mes seize ans a été consacré à l'escalade de parois sur un mont proche de chez moi, baptisé « la montagne à Bill ». J'avais acheté mon premier équipement d'escalade, le premier grand investissement monétaire de ma vie. Quelquefois, j'allais au plus beau site du Québec, situé à quinze minutes de Rivière-du-Loup : Saint-André-de-Kamouraska.

L'année suivante, cette belle maladie avait atteint un autre de mes copains, Martin. Il est devenu un être important pour moi, lié par les coïncidences de la vie. L'escalade a changé sa vie. Jeune, il voulait devenir informaticien. Six ans plus tard, il est devenu un fier et brillant pompier. Dans l'ultime objectif d'aller toujours plus haut, il vise à exercer la profession d'homme-araignée, de sauver des vies. Je ne reconnais plus les yeux du futur informaticien. Maintenant, ceux-ci pétillent d'amour, de joie de vivre, de rêves, de fierté. Martin sera toujours un bel homme positif qui jouira d'une vie comblée de bonheur.

Une grande amitié profonde s'est ainsi forgée pour nous trois, passionnés de la vie, du grand air, des femmes, des voyages et de l'escalade.

L'escalade demande un dépassement de soi. En retour, le cadeau est une grande joie lors du succès. C'est un sport qui amène l'adepte à partager ses peurs, ses interrogations, sa vie, le plaisir avec ses compagnons. La joie ressentie, pour sa part, rehausse d'ailleurs beaucoup la confiance et l'estime de soi, des attitudes qui aujourd'hui sont généralement faibles chez les jeunes.

Comme moi, plusieurs cherchent perpétuellement quelque chose. Tous les besoins comblés, on veut encore plus. On se crée un autre besoin. Là, on peut trouver la drogue, l'amour, le sport, les voyages. Bref, on est en quête de nouveau, d'émotions qui jusque-là étaient inconnues. Le monde d'aujourd'hui a tant à nous offrir. On se perd parfois dans le futur, dans l'impatience. Malheureusement, on cherche trop. Le bonheur est souvent juste sous nos yeux, à portée de main.

Il existe une recherche de soi par le dépassement et le risque, où l'on cherche inconsciemment ses valeurs. On rêve davantage parce qu'il est possible de réaliser tant d'expériences. Les barrières tombent ou on les dresse soi-même. On est plus chanceux que les générations antérieures parce qu'aujourd'hui, on a du temps à consacrer aux divertissements, à soi-même. L'obligation de subsistance a moins sa raison d'être.

L'escalade est un sport extrême, donc intéressant à mon sens, et il suscite fréquemment l'envie chez les autres. Du coup, la vie prend un peu plus de piquant. Le désir d'être aimé entraîne souvent un individu vers la notoriété.

La pratique extérieure ouvre les yeux sur un vaste écosystème. Il remplit les poumons d'air pur. Il ensorcelle les oreilles de mélodieux chants d'oiseaux. Et lorsqu'on prend le temps de l'écouter, on ressent quelquefois une grande paix.

Voilà les raisons pour lesquelles je suis un grimpeur invétéré !

Au moment de la préparation de mon projet d'escalade, je rencontre Marilyn. Celle-ci est responsable de l'auberge de jeunesse de Waterton. Âgée d'une quarantaine d'années, elle adore les jeunes et la nature. Sa jovialité brise la glace d'un seul coup. Sa personnalité mère poule est bien appréciée de tous. Ainsi, elle me conseille d'avertir les travailleurs à la réception de l'hôtel de mon ambitieux projet. Si, par malheur, je me blesse et ne reviens pas, eux communiqueraient avec les gardes du parc. Une sage idée. D'ailleurs, elle me présente à son mari, Wayne. Celui-ci est un bon grimpeur et il m'invite à une petite grimpe sur une paroi aux alentours. J'accepte avec joie et je passe un bel après-midi à pratiquer mes techniques et à m'amuser.

Le lendemain, je grimpe également avec un couple d'Américains et je me familiarise avec mon équipement par quelques essais sur une voie. Maintenant je suis prêt ! La falaise est à moi !

**11 MAI 2001 –** Je suis à la réception du Prince of Wales Hotel.

– «*Je devrais être de retour vers cinq ou six heures ce soir. Si ce n'est pas le cas, s'il te plaît, appelle les gardiens du parc national*», dis-je à Sinikka.

– «*Fais attention à toi, Billy*», me dit-elle.

La marche d'approche dure quinze minutes. Le cou courbé vers l'arrière, j'examine ma haute falaise. Elle est parsemée d'arbrisseaux et de fissures. À droite, à vingt-cinq mètres, une mince chute d'eau élancée se glisse sur une paroi. Cette falaise s'unit à angle obtus à celle que je grimperai. Dix mètres plus à gauche, la paroi est trop à risque. Il y a peu de failles et pas d'arbustes. Derrière moi se dresse le Prince of Wales Hotel.

J'amorce donc mon escalade sous un chaud soleil matinal, sans oublier ma courte prière de protection. Je suis excité et nerveux. Ma corde est enroulée autour de mon cou et sous l'aisselle. Mes coinceurs sont fixés à mon baudrier.

Les vingt-cinq premiers mètres sont bien faciles. Je grimpe sans équipement. Solo! Or, je me rends soudain compte que les arbres se font de plus en plus rares. L'inclinaison devient de plus en plus abrupte. Ainsi, la peur commence tranquillement à me tenailler l'estomac. J'ai cependant confiance en moi et en mes compétences.

Debout, j'ai le pied sur une racine, l'autre sur une fissure. Je me fixe à ma corde par une extrémité et déroule le reste dans le vide. La corde tourbillonne dans l'air et fouette la paroi de son extrémité maintenant déployée. Les yeux perdus dans le paysage, je me sens bien, comme un enfant qui joue. J'ai hâte d'apercevoir la vue au sommet. Déjà d'ici elle est féerique.

Depuis le début de mon escalade, j'ai grimpé sur soixante, soixante-dix mètres environ. Je m'arrête un instant. La façade de la falaise est de plus en plus nue. J'équilibre mes pieds sur une petite racine. J'aperçois vaguement à dix, vingt mètres plus haut le plateau boisé. Celui-ci semble sécuritaire et je m'imagine y mangeant mon goûter. De là, j'estime ensuite atteindre le sommet à pied. Depuis plus d'une heure, j'ai commencé à utiliser mes coinceurs. Je les juge sécuritaires et me sens en confiance.

Perché, je ferme les yeux. Le chant des oiseaux environnants et le son de la bruyante chute à ma gauche flottent jusqu'à mes oreilles. Le vent froid par bourrasques, chaud par accalmies, chante lui aussi sa mélodie entre les montagnes. Ma peau, mon cœur vivent. Je prends une grande inspiration de cet air inaltéré.

J'ouvre les yeux pour découvrir devant moi un paysage que je n'oublierai pas de sitôt. À ma gauche, il y a ces calmes et douces plaines. En face, en bas, j'aperçois l'ancien et luxueux hôtel sur une haute butte. Trente mètres plus loin, je découvre un court corridor étroit entre deux lacs. L'un d'eux se baigne parmi les plaines. Il est plutôt rond et vaste. Plus loin que le corridor, bang! Un sommet de deux mille mètres au toit enneigé. Poussé d'un coup, il crée une haute barrière graduelle. Cela éveille en moi une utopie où Mère

Nature aurait séparé avec douceur, pour l'éternité, les plaines des montagnes comme le fond les parents à la suite d'une querelle d'enfants.

En face et en biais, à droite, je ne distingue que des pics enneigés qui pointent vers le ciel.

En bas, à droite, il y a la petite communauté d'une centaine de résidences. À côté se trouve le deuxième lac. Ce dernier est long et étroit. Je ne distingue point sa limite. Il est bordé de montagnes. Dans un horizon infini, commence un autre pays, un État, le Montana. Je suis béat d'admiration. Je considère et reconnais ma chance. Je ferme les yeux à nouveau. Une grande joie s'installe en moi.

Je dois finaliser mon projet avant six heures. Alors, j'entreprends ma nouvelle cordée. Arrivé au bout de mes seize mètres, il m'en manque peu avant d'atteindre le plateau. Là, sur cinq mètres, il n'y a plus d'arbres. Les fissures sont petites, voire minuscules. Je suis inquiet. Je ne veux pas redescendre. La difficulté et le danger seraient trop grands. Malgré tout, je reporte ma crainte à plus tard. Je place, non sans peine, deux coinceurs artisanaux. J'avais l'habitude de n'en utiliser que deux. Cette fois, je fixe mon coinceur fétiche. Celui que j'avais transporté sur mon sac à dos pour me remémorer mes copains et mes aventures : un petit Black Diamond n° 2.

Fidèle à ma routine, toujours confiant et en contrôle, je redescends en rappel pour dégager mes ancrages. Par la suite, je remonte, mais ne fais pas attention aux vibrations créées à la corde. Malheur !

À mon ancrage supérieur, coi et paralysé de stupeur, j'observe mes deux coinceurs artisanaux qui sortent d'un bond de leurs emprises, tels deux yeux qui sortent de leurs orbites. Je suis seul, sur une corde, à plus de quatre-vingts mètres dans le vide, sur mon minuscule coinceur fétiche.

Celui-ci est déjà très instable. J'empoigne instinctivement et rapidement un bloc chancelant, mais bien coincé. Une poussée d'adrénaline me traverse instantanément le corps. Mon cœur bat la chamade et mon thorax est oppressé. Mes jambes veulent se plier sous mon poids. Mes mains hurlent pour lâcher prise. Je veux arrêter le temps pour me reposer.

Tomber pour être en sécurité. Une chaleur soudaine m'inonde. Je me sens blême. Je me raisonne :

– « *Il ne faut pas que j'aie un état de choc ici, moi !* »

Je contrôle alors ma respiration en fixant ma corde. Ce n'est pas facile, j'ai peur, très peur. Je m'encourage grâce à mes aptitudes de bon grimpeur, je me dis que tout ira bien. Mais essayer de pratiquer la voie positive dans ces conditions, c'est comme demander à un sprinter de vous faire un beau grand sourire aux trois quarts de ses quatre cents mètres aux Jeux olympiques !

Je ne veux pas mourir ici. Je fixe mon attention sur le plateau qui se trouve seulement à quatre ou cinq mètres au-dessus de ma tête. Or, comme si cela n'était pas assez, je me souviens des derniers mètres. Ils n'offrent refuge qu'à de faibles fissures, de faibles prises. Je suis écœuré de grimper. Je veux en finir au plus vite. J'ai peur que mon corps ne m'abandonne, j'ai peur de m'abandonner aux prises de l'abattement. Je me hâte. Du bout de mes semelles de bottes, de l'extrémité de mes phalanges, je me hisse. Ma corde est fixée, au départ, à mon bloc branlant. Je le sais bien en mon for intérieur : je n'ai pas droit à l'erreur. Je respire, me concentre sur la grimpe. Plus je grimpe, plus je découvre des prises. Sur deux doigts peut-être, mais au moins je peux me hisser. Je suis dans une sorte de transe. Je ne vois que la continuité, que moi et mon instinct. À mon grand désarroi, à un mètre du plateau, je dois effectuer un mouvement de main et de pied très difficile. Soudain, une voix faible, sourde, éloignée, comme dans un rêve (est-ce un monologue ?) me dicte de tomber, d'en finir avec l'angoisse que je vis pour vivre une grande paix. Je n'ai jamais vécu une telle situation de toute ma vie. Tout à coup, en opposition, une image floue de ma sœur se dessine à mon esprit. Celle que j'aime énormément. Cet épisode mystique se passe sur l'espace d'une seconde. C'est cette image qui me sauvera. Je sens une main posée sur mon épaule gauche. J'effectue le mouvement et je tends ma main droite sur une bonne prise du plateau. Je mets un pied sur le plateau béni. Je suis bouleversé par mes émotions. Je veux pleurer. J'essaie de me calmer, une léthargie m'enveloppe.

J'ai terminé finalement l'ascension de cette dangereuse montagne, en y prenant malgré tout des risques. Au sommet, j'ai dû voyager sur une mince arête rocheuse, anticipant une chute des deux côtés. Au retour, j'ai glissé dans un abrupt couloir enneigé, me ralentissant à l'aide d'une branche. Ces couloirs étaient propices aux avalanches et aux chutes de pierres. D'ailleurs, je ne devais pas perdre le contrôle de ma vitesse lors de ma glisse, ni perdre mon bâton.

Je comprends que seule la montagne peut décider de mon sort. Sa force naturelle peut avoir raison des imprudents, comme il l'aurait peut-être été pour moi. La montagne, ce jour-là, a changé ma perception d'elle. Elle m'a violé.

À mon retour, l'hôtelier me fait savoir ma chance particulière. Chaque année, en moyenne un grimpeur réclame l'aide des sauveteurs sur cette périlleuse montagne. Chance ? Peu importe, jamais je n'oublierai l'expérience que j'ai vécue. Je n'ai pas le droit de l'oublier.

Les yeux au plafond de ma tente, je suis déconcerté. Avant de vivre mon expérience mystique, à la vue du coinceur n° 2 me retenant au-dessus du vide, je me suis dit, fier de moi-même, «*Je l'ai vécu*». Avais-je réalisé un lien à un film ? Des œuvres littéraires de mes héros alpinistes ? Une émotion, une sensation voulant être vécue à tout prix ?

Étrangement, une certitude merveilleuse et forte s'installe en moi. Je vais voir ma sœur à Victoria!!!

# Du rêve à la réalité

« Quand on veut quelque chose plus que tout,
   généralement on l'obtient.
   La chance n'existe pas,
   il faut la créer, la provoquer. »
Nicolas Vanier

**LORS DE MES DERNIERS JOURS** à Waterton, je fais la connaissance de deux Québécois et je me lie d'amitié avec Sinikka ; cette jeune hôtesse qui a assuré ma sécurité lors de mon escalade. Je garde donc mes deux pieds sur terre et profite de quelques bons moments avec mes nouveaux amis. Par ailleurs, j'explore de nombreux sites intéressants autour de la ville, au point d'en ressentir maintenant une vague lassitude. O.K., c'est assez pour moi ! Je ne rêve maintenant que du Sud, un État : le Montana !

Mes parents sont contre mon projet. Surtout sont-ils contre le fait que les indemnités hospitalières américaines sont extravagantes. Je suis positif, rien ne m'arrivera. Pourtant, une certaine incertitude reste bien ancrée en moi...

Oui, mais comment passer à côté de ces lieux décrits dans les films et les romans, comme ces chevaux sauvages galopant sur de verdoyantes collines, ces montagnes qui se marient au ciel et aux nuages. Être si près, sans y aller, je ne peux pas ! Alors, je me convaincs : si je commence à toujours suivre les commentaires des autres, je n'irai pas bien loin dans la vie (oui, je sais, j'ai la tête dure) !

❀

**13 MAI 2001** – Sinikka m'offre de me déposer à East Glacier, un petit village du Montana. C'est ainsi qu'avec mon amie, le sourire aux lèvres, le cœur léger, je traverse pour la première fois la frontière américaine... mes premières douanes américaines...

– «*Pull your car off to the side please...*» (*Garez-vous sur le côté*), nous dit le douanier.

Pour les douaniers, un *pouceux* vagabond peut être un fauteur de troubles. Voilà pourquoi ceux-ci se montrent très méfiants. D'ailleurs, il est de ma responsabilité de leur fournir toute la vérité en ce qui me concerne.

Un douanier fouille méticuleusement tous les recoins du véhicule de ma copine. Il nous remet, par ailleurs, un interrogatoire écrit. Je suis terriblement nerveux et mal à l'aise face aux complications que je fais vivre à mon amie Sinikka. Néanmoins, les yeux pétillants de vitalité, elle semble excitée. Après l'examen de la voiture, notre douanier revient, très irrité. Dans une intransigeance inutile, l'homme, d'un lourd regard accusateur, arbore du bout des doigts un billet américain d'un dollar qu'il a déniché dans l'automobile. Il dévisage Sinikka et lui demande ce que cela signifie. Voyez-vous, celle-ci avait mentionné dans le formulaire qu'aucune forme d'argent ne se trouvait à bord du véhicule. Heureusement, il ne s'en tient qu'à un simple avertissement. Moi, j'ai l'autorisation de pénétrer en terre étrangère avec l'aide précieuse de mon amie. Celle-ci a mentionné qu'elle contribuerait à mon soutien financier en cas de besoin. Ce qui a satisfait les douaniers.

Avant d'emprunter une destination différente, Sinikka, le sourire toujours affiché, m'offre un succulent et chaleureux souper, parce que :

– «*Être avec toi, c'est toute une aventure !*»

J'ai peur, une peur qui me tourmente. Je ne veux aucun problème avec les autorités américaines. C'est ma première visite aux États-Unis et l'accueil qu'ils m'ont donné a été assez significatif pour ne plus vouloir y remettre les pieds. Donc, je décide de contourner assez vite le Glacier National Park, en direction de la Colombie-Britannique.

Les paysages ne sont pas époustouflants. Bref, je préfère de beaucoup ceux du Canada. Or, je sais que, dans la vie, les vrais trésors ne nous sautent pas toujours au visage. Il faut les dénicher, travailler à les découvrir... à moins qu'ils ne vous apparaissent par surprise au détour d'un chemin.

Sur la route, j'aperçois beaucoup de plaques d'immatriculation écrites «*USA but Montana*». J'en suis très surpris. Un État, des gens qui ne se considèrent pas entièrement américains. Spécial!

Ma visite au Montana déjà terminé, je traverse les douanes canadiennes. Ici, le pouce levé, je me sens comme un fantôme transparent. Tout le monde semble m'ignorer. Je dois marcher des kilomètres. D'ailleurs, dans mon attente de plus de six heures, la nuit est tombée. Pris au dépourvu, je souhaite dormir dans un endroit paisible, loin des terres privées où je risquerais de me faire déranger par le propriétaire. Cependant, j'ai beau marcher, rien de sûr ne se présente à moi, sauf le fossé – que je me garde de décrire – parallèle à la route.

Quand, finalement une femme s'arrête pour m'embarquer, elle cherche à voler mon sac à dos placé dans son véhicule. Après une conversation qui m'a semblé chaleureuse, cette petite comique verrouille automatiquement les portes alors que je descends de sa voiture. Par astuce, habitude de *pouceux*, je n'avais pas complètement fermé la portière avant. Bien essayé, ma belle, mais j'ai plus d'un tour dans mon sac! Trouvant la portière arrière verrouillée, je lui ai lancé, sur un ton dubitatif, de la déverrouiller pour prendre mon sac à dos. Le visage cramoisi, ma conductrice sournoise s'est excusée et a coopéré. Si par inadvertance, j'avais fermé ma portière avant, je me serais rendu compte trop tard que toutes les portières étaient verrouillées et la dame aurait filé en douce.

Malgré tout, le Montana a été un beau périple de deux jours, mais surtout il m'a comblé d'un cœur satisfait.

**15 MAI 2001 –** Je file vers Fernie, un village qui m'a tant été vanté pour son fameux centre de ski où l'on trouve une parfaite poudreuse. Sur place, je comprends l'admiration de mes copains. Malheureusement, le village ne m'attire pas comme Jasper l'a fait à mes débuts. Je trouve les décors pittoresques, mais sans plus. Chaque année, de nombreux curistes se déplacent vers Fernie. Cependant, en cette période de l'année, le village semble plutôt paisible.

Je suis choyé! D'interminables averses tombent depuis deux jours. Je peux ainsi me plonger dans ma première vraie solitude. Mon premier repos depuis la fin avril. Mon monde : les quatre murs étroits de ma tente individuelle, un toit qui touche continuellement à ma tête lorsque je suis assis, mon journal intime entre les mains, l'odeur d'un sol trempé dans les narines, le son de la poissonneuse Elk River qui roucoule à mes oreilles. Je récapitule mon périple. Je me pose des questions et je reçois une réponse…

❄

**17 MAI 2001 –** Je suis dans ma tente, sous une pluie torrentielle et j'écris dans mon journal intime :

*Toutes ces routes,* many roads
*Toutes ces vues,* many views
*Tous ces gens,* many peoples
*Toutes ces langues,* many languages
*Je ne suis plus sûr de comprendre le Canada.*
*Je veux revivre !*
*Revivre dans une nouvelle contrée*
*Dans un nouveau monde*
*Vu par mes yeux*
*et mon cœur.*

Depuis près d'un mois, je vis à cent pour cent, comme je le pense. Sans arrêt, de ville en ville, marches épuisantes, sac à dos écrasant, apprentissages linguistiques ardus, adaptations nouvelles, hygiène et conditions désagréables, je n'écoute pas mon corps. Je suis complètement heureux de vivre une telle liberté. Je possède toujours une énergie inébranlable, des projets plein l'esprit.

Sur la route vers l'Ouest, j'ai fait la rapide visite de quelques petits villages, sans m'arrêter, ni me poser de questions. Maintenant, je me demande où est le moment présent ? Celui de chaque réalisation ?

Bref, une journée est suffisante pour récupérer. Les fourmis dans les jambes, je consacre l'autre à la visite, malgré l'averse. Le lendemain, je repars…

❋

En chemin vers Vancouver, un homme me conseille vivement une baignade dans la source d'eau chaude à Ainsworth Hot Springs. Un endroit où on a la chance de se baigner dans une lugubre grotte aux courtes et longues stalactites soudées naturellement à la voûte. Selon lui, elle est la plus intéressante de tout l'Ouest. Allons voir ça!

Je prends la route qui contourne le Kootenay Lake. Je suis posté prêt d'un minuscule bar et d'un dépanneur qui fait d'ailleurs office de bureau pour Postes Canada. Sidar est un village qui laisse présager tout au plus dix habitants, dont la plupart résident dans les bois. C'est là que j'associe la Colombie-Britannique aux hippies, ce qui me sera ensuite confirmé par la rencontre de plusieurs sur la route.

Un homme m'embarque à contrecœur. Je le déteste immédiatement. Sa nature pessimiste gruge toute mon énergie. Sur la route, ce Québécois d'origine ne démontre aucune joie et reste implacable. Je veux descendre et quitter cet homme, mais d'un autre côté, je désire atteindre rapidement mon objectif. Finalement, je reste et supporte sa compagnie.

À Kootenay Bay, il me présente à des jeunes de mon âge. Ceux-ci sont joviaux et ouverts. Malgré tout, je ressens un malaise, mais en ignore la cause. Je sais que je ne suis pas sur la même longueur d'onde qu'eux, mais quand même. Je n'ai aucune envie de rester; je veux être seul. Après une demi-heure, je leur demande où je peux dresser ma tente tranquille et je les quitte. L'homme au sourire faux semble me juger d'un lourd regard. À l'intérieur de moi, je ressens de la culpabilité. Suis-je en train de passer à côté d'une belle occasion?

Je me retrouve sur une plage, seul. Je me rends compte que j'ai écouté mon désir profond pour une rare fois. Je ressens encore la peur de la culpabilité et je suis fatigué. Or, la beauté du paysage et la nature m'apaisent tranquillement.

Le lendemain, d'autres jeunes m'invitent à fêter avec eux dans un festival. Boire de la bière et fumer des gros pétards. Tout comme pour l'invitation précédente, je dis non. Or, en raison de ma différence d'intérêt et de ce que je suis, un doute m'habite encore. Je me sens si seul…

＊

**21 MAI 2001 –** J'attends l'autobus dans le centre-ville de Vancouver. Un bus va me déposer à Horseshoe Bay. Je trouve bizarre d'avoir parcouru sept heures et demie de route en auto-stop vers Vancouver. Ça passe si vite. Trop vite. Je me demande si j'ai raté des endroits intéressants à visiter. Il y a tant à voir. J'aurais voulu prendre mon temps, arriver ici plus graduellement, me rendre compte que mon rêve se réalise pas à pas, le goûter. Là, je ne le sens pas du tout. Comme si quelqu'un me le jetait à la face, irrité, sur un plateau d'argent.

Un jeune homme m'aborde. Il semble dérouté et anxieux. Il est bien vêtu. Il s'est fait voler son argent et veut retourner chez lui. Je compatis, car l'inconnu est devenu mon mode de vie. Par ma confiance en moi et l'expérience, j'ai appris à apprivoiser cet oiseau multicolore. J'hésite, je l'examine. Cela fait presque quinze minutes que l'on discute. Vingt dollars, je peux vivre quelques jours avec ça! Fais ton bon samaritain, Billy! De toute manière, cela te sera rendu dix fois. Je lui remets le billet. Il en aura assez pour se rendre en bateau à Victoria, puis chez lui. Joyeux, celui-ci me remet son adresse et promet de me rembourser. Je sais ce que c'est d'être seul et dans la rue. Ce lourd sentiment de misère. Au moins, ça me rend heureux qu'il évite de le vivre.

＊

Plus tard dans la journée, j'atterris sur une plage dans un parc d'Horseshoe Bay. Des gens font de la plongée sous-marine, une famille se prélasse sur la plage. Là, je réalise un tendre rêve... Avec les deux pieds dans l'océan Pacifique, je suis bien.

– « *J'y suis* », me murmurai-je à moi-même, le sourire aux lèvres.

Avec comme seuls aliments des pommes, je me couche sur un petit plateau gazonné d'une île, à proximité de la plage. À l'abri des regards, mes yeux sont plongés dans la vaste baie où, plus loin, niche Bowen Island. Je contemple ces timides épaulards qui chantent par leur jet, le doux coucher de soleil rosé et tous ces mystérieux coquillages jamais vus.

Je passe deux jours à faire le point sur cet îlot. Bref, jusqu'à la pénurie de mes succulentes pommes de la vallée de l'Okanagan.

Prochaine destination : Squamish, où se retrouve The Stawamus Chief, qui est la plus haute paroi d'escalade en granite au Canada. Un lieu privilégié des grimpeurs de toute l'Amérique du Nord.

Le pouce en l'air, je me fais embarquer par un homme. Il se nomme Bill. Il me dit qu'il est en train de déménager, alors je lui offre mon aide bénévolement.

Après quatre heures à trouver un endroit où poser ma tente, on se rejoint devant un fast-food et celui-ci m'offre un emploi. Il travaille en lien avec les assurances sur la construction d'une maison incendiée à Squamish. Pour cela, il a régulièrement besoin de main-d'œuvre.

C'est ainsi que pendant onze jours, Bill me garde sous son aile. À douze dollars l'heure, je peins, j'aide à le déménager à Horseshoe Bay, j'assimile des connaissances en construction, j'assiste à la réparation de bateaux luxueux à Vancouver. Je gagne un salaire qui va m'être essentiel, moi qui veux profiter de tout mon temps avec ma sœur Kathy. J'avais songé à la cueillette de fruits dans l'Okanagan, mais là-bas, il m'aurait été impossible ou plutôt très fastidieux d'amasser une telle somme d'argent en si peu de temps.

Je vis un mode de vie différent durant mon séjour avec Bill. Je suis maintenant à l'aise financièrement, je mange au restaurant tous les jours et je dors dans un lit douillet. À chacune des rémunérations, je reste indéterminé sur mes achats. Pauvre, je rêvais de m'acheter tant. Maintenant riche, je suis confus quant à quoi me procurer. Cependant, je me rends compte que lorsque je dépense, je ne ressens plus aucun remords. Je me sens mieux.

Je côtoie de riches propriétaires de bateaux, je rencontre des gens très absorbés par leur travail qui ignorent l'importance de prendre du temps pour soi ; des bureaucrates qui ferment les yeux sur les signes de la vie.

À force de dialoguer, je me rends compte du grand homme que Bill est devenu. Il a travaillé très fort toute sa vie à divers emplois assez rémunérateurs. Il est entreprenant et possède un bon sens des finances. Malheureusement, cette situation a contribué à sa sombre chute dans l'alcoolisme. Des millions dépensés en alcool et dans les casinos. Il a mené par la suite une guerre sans relâche contre ses démons. Maintenant, cet homme croyant et altruiste est sobre. Il a reçu une aide indispensable des Alcooliques Anonymes. Aujourd'hui, il rencontre des buveurs intempérants et les aide à s'en sortir. Il réside maintenant dans une belle maison, dans un quartier huppé et projette de bâtir la demeure de ses rêves sous peu.

✳

**31 MAI 2001 –** Je réfléchis à bord du grand voilier en bois de Bill. Bâti en 1970, il possède bien du vécu. L'atmosphère intérieure encourage à la méditation, la sérénité et la contemplation. J'en suis tombé immédiatement amoureux au premier regard. Avoir disposé de cent mille dollars, je l'aurais immédiatement acheté. Cependant, au fond de moi, je désire encore rêvasser. Grâce à la bonté de mon ami, j'ai la permission d'y séjourner deux nuitées. Je suis heureux. Je me vois partant vers l'Afrique, la Thaïlande, confiant ma destinée entre les mains de ce bateau et de la mer. Accompagné de ma splendide femme et de mes curieux enfants, je découvre des lieux mirobolants, je bourlingue sur les courants de la vie… un peu comme je le fais présentement.

Je comprends que l'argent procure une sécurité, mais non un bonheur. Les joies que me procure la rencontre d'un nouvel ami, acquérir de nouvelles connaissances, être en santé, manger un bon repas, me sentir en sécurité, être libre d'être ce que je suis, me sentir aimé et avoir la certitude de passer du temps avec ma sœur et ma cousine me rendent plus heureux que la possibilité de tout m'offrir. Sans être cher, à quoi bon l'argent ?

Durant cette semaine, un partenaire de travail m'avait parlé des mérites des îles du Desolation Sound, situées entre l'île de Vancouver et la terre ferme. Je sais maintenant où aller naviguer. Il ne me manque plus que mon moyen de transport nautique…

# Entre les îles
# avec ma Déesse des mers

*« La chose la plus importante à apprendre dans la vie,
c'est d'être capable d'être seul. »*
Kuki Gallman

**6 JUIN 2001** — Depuis Squamish, j'ai pris le traversier à Horseshoe Bay vers Nanaimo sur l'île de Vancouver. Ensuite, j'ai levé le pouce pour me rendre à Campbell River.

Il y a quelques heures, je me suis procuré un nouveau moyen de transport en cognant tout simplement à la porte d'une résidence pour demander aux propriétaires s'ils vendaient le petit canot vert de style canadien qu'ils avaient sur leur terrain.

— *« Oui, c'est soixante-quinze dollars »*, m'ont-ils répondu.

— *« Vendu ! »*

Après avoir appliqué une couche de fibre de verre, il est redevenu comme neuf. Je commence à ressentir de l'effervescence pour mon projet et de l'affection pour mon canot, mon allié. Je l'ai baptisé Déesse des mers. J'ai acheté dans un centre d'alimentation des provisions qui devraient me permettre de tenir durant une période de trois semaines, un mois. Tout est prêt.

Je pousse mon petit canot du pied.

— *« Mon Dieu, protège-moi, pauvre tripeux, qui désire simplement vivre sa vie intensément. »*

J'amorce du coup mon périple dans cette école de la mer où je puiserai toutes sortes de connaissances. Par ses courants et ses vagues, la mer peut être dangereuse. J'appréhende beaucoup ses écueils. Je ne connais rien de la mer. J'ai une base en canotage, mais sans plus. Face à moi, il y a Quadra Island, située à deux kilomètres. Je commence à pagayer dans cette destination.

Tout va bien. Le tiers de la traversée du détroit Discovery Passage est achevé. Cependant, à l'horizon un gigantesque paquebot se dirige droit vers moi.

– «Bof! J'ai le temps de l'éviter», me dis-je, désinvolte.

Finalement, c'est lui qui doit ralentir pour me laisser le droit de passage. Je comprends vite la courtoisie du capitaine lorsque ce géant des mers me frôle à cent mètres. Ce «Titanic» n'aurait fait qu'une bouchée de moi.

Un peu plus tard, un gentil remorqueur fait de même.

Aux abords de Quadra Island, je distingue de nombreux résidants me saluant de la main. Je leur réponds. Disons que je suis fier d'attirer tant d'attention. Cependant, je veux connaître la solitude, la vraie nature au plus vite.

Soudain, un courant puissant me déstabilise de ma position et m'arrache à la rive. Je suis abasourdi, mais je sais que je dois rester flegmatique. Je pagaie, je pagaie. Quelques personnes inquiètes semblent vouloir m'apporter du secours sur la plage qui est seulement à dix mètres de mon canot. La peur me chatouille le cœur du bout de ses phalanges aux lames coupantes. Sans plus, car je ne suis pas seul. Mais comment aurais-je réagi si j'avais été laissé à moi-même?

À bout de souffle et soulagé, je gagne la berge. Les résidants, d'une convivialité propre aux insulaires, accueillent le crazy French man que je suis pour eux. Leurs sourires me transmettent le message que tout va bien.

Plus tard, un des hommes m'enseigne à guider mon canot avec des cordes dans un courant similaire; un truc qui me sera sûrement utile plus tard. Celui-ci m'indique également des endroits intéressants ou dangereux sur ma carte marine des îles du Desolation Sound. J'apprends à une allure folle.

Une vieille femme au sourire d'une grande bonté, ayant les yeux d'une mère, me trouve téméraire et ajoute que j'accomplirai beaucoup durant mon périple. Ça me fait du bien. Mon projet est toujours possible.

Ce soir-là, je dors à poings fermés sur une plage, aux environs d'un phare. Les faibles vagues roulent sur la plage rocailleuse, berçant l'air d'une douce mélodie de roches qui s'entrechoquent. L'obscurité est maîtresse de la nuit. Le halo du phare vient… et revient… sur l'étendue marine.

❋

Le lendemain, un soleil radieux me fait cadeau de sa chaleur. Je longe la rive de Quadra Island sur un parcours aléatoire. Je suis très bien.

Les yeux rivés au fond marin, je découvre. L'eau limpide me permet de distinguer de bizarres oursins de toutes les couleurs qui se déplacent très lentement sur leurs longs piquants, d'étranges algues avec une tête ronde et un corps fuselé, une multitude d'étoiles de mer de différentes formes et de différentes couleurs, d'inanimés crustacés ; une flore dont j'ignore toute l'utilité. Je manipule une étoile de mer. Jamais je n'avais eu le courage ou l'opportunité de le faire. Ses pieds tubulaires me chatouillent les doigts. Elle est flasque et mesure au moins 30 centimètres d'envergure. Elle n'est pas très lourde. Elle est inodore et d'une couleur mauve foncé. J'examine sa peau hérissée de petits piquants, j'identifie sa minuscule bouche, en dessous, à l'intersection de ses cinq bras, parfaitement au centre. Comme elle est belle et si parfaite.

Sur une plage rocailleuse de Quadra Island, je m'arrête pour discuter avec quelques personnes. Ils me font part du fait que l'on est dans la saison des huîtres. Ainsi, chaque année, ils effectuent leur récolte pour les vinaigrer ou les mettre en conserve en prévision de l'hiver. Ils m'offrent d'en manger une. L'homme ouvre la coquille à l'aide d'un couteau spécial et me montre le produit comestible. Son apparence et sa texture me semblent dégoûtantes, cependant les gens m'affirment qu'elles sont une excellente source de protéines. Or, ils ne mentionnent pas le goût… Les yeux fermés et plissés, j'avale d'un trait l'intérieur. La saveur n'est pas si mal, mais la sensation dans la bouche est horrible. J'apprendrai plus tard comment les faire bouillir et les assaisonner pour le plus grand plaisir de mes papilles gustatives.

Ce soir-là, je m'étends dans une simulation d'abri de naufragé. Fabriqués par des jeunes, les murs et le toit sont érigés avec du bois de grève. L'abri comprend deux petites pièces de moins d'un mètre de haut. À l'intérieur on trouve des coquillages et la plage elle-même est le plancher. Je me sens excité, gai. Que c'est beau la vie! Que c'est beau d'apprendre!

Sur Quadra Island, il y a l'électricité, le téléphone et l'eau potable, bref, comme sur la terre ferme. J'en profite donc pour téléphoner à mes parents. À chaque fois, je ressens de la fierté de leur parler de mes péripéties. Au téléphone, je comprends que cette aventure est très difficile pour eux. Parce que je suis seul, sans radio, sans personne-ressource, ceux-ci se sentent anxieux et impuissants. J'ai peut-être une pointe d'égoïsme, mais je veux le vivre. Cela est important pour moi. Je pagaierai par la suite avec vigilance et en priant.

**8 JUIN 2001 –** Read Island. Il pleut abondamment. Je suis trempé, les bras morts d'avoir si longtemps ramé. Je vois un petit chalet. Je m'arrête pour demander la permission de poser ma tente. Le propriétaire n'est pas là. Pas grave, je le fais quand même, j'ai trop faim.

Mon canot remonté sur la rive, la tente montée, les nouilles chaudes dans ma casserole, et voilà qu'un homme arrive. Je sors et vais à sa rencontre. Il est soûl. Je lui demande la permission de dresser ma tente. Il ne veut rien savoir. Il rit de moi et de mon accent français. Il me menace même de me tirer dessus si je ne décampe pas. Je suis en colère. Je le déteste pour sa misanthropie. J'ai peur malgré tout, car il est peut-être fou. Je plie bagage rapidement avant qu'il ne me tire dessus.

Plus tard, dans la même journée, le soleil revient. Je m'amuse à faire du rodéo sur de grosses vagues face à Breton Island où j'ai monté la tente et bâti un feu. Soudain, un groupe de kayakistes s'approche de «mon» île. Je suis déçu, car je recherche la solitude. Pour moi, celle-ci consiste en une longue échelle. Je sais que les premiers échelons sont durs et pénibles à grimper, ensuite je les suppose aisés et magiques. J'y retrouve une connaissance profonde du «Moi» et de la vie. Or, j'estime qu'à chaque fêlure, je retombe au bas de l'échelle. J'ai peut-être tort…

Le groupe est composé de cinq hommes d'affaires de Toronto et de leur jeune guide de l'Outaouais. Au terme d'échanges et de farces, une belle atmosphère se crée. Aussitôt, j'apprécie leur présence. J'accepte avec joie ce bel imprévu tombé du ciel.

Je m'exprime dans ma langue avec le guide et un des hommes. Alors que nous discutons de la vie, l'homme nous confie que ses enfants n'auront pas le choix de mener de longues études. Là est leur voie. Le guide et moi sommes contre son avis. Je ressens une sourde colère et lui partage une opinion opposée. La vie n'est pas une source de profits, mais une source de joie pour soi. C'est au jeune d'avoir l'opportunité de choisir. Comme parent, il se doit de le respecter.

Je me sens privilégié de réaliser tant d'expériences auxquelles plusieurs n'ont que rêvé. Cependant, ils les ont mises de côté par choix. Je fais une remarque silencieuse à ces bons hommes d'affaires. Pourquoi ne prenez-vous pas le temps d'admirer cette beauté qui nous entoure ?

❉

**12 JUIN 2001** – Près de Cortes Island plusieurs groupes de phoques m'accompagnent. Une rencontre régulière dans les eaux du Desolation Sound. Curieux, ils me dévisagent de leurs grands yeux brun foncé. Ceux-ci m'escortent même parfois sur des kilomètres. Je suis choyé de leur confiance. Ils partagent mon aventure.

Quotidiennement, je contemple une nouveauté. J'apprends. Lorsque j'en ai l'occasion, je grimpe. Mais pas haut !

Un jeune kayakiste m'aborde sur l'eau. Il ressemble à un Mexicain. Il m'informe qu'il est guide de kayak et a fait des études en tourisme de plein air. On est tout de suite sur la même longueur d'onde. Il me renseigne passionnément sur la flore et la faune marines qui nous entourent. Il me fait goûter à une salade de mer, qui est une espèce d'algue verte. Il me fait découvrir plusieurs petits coquillages. Je touche d'ailleurs à mon premier corail, telle une fine peinture sur une roche. Je n'imagine pas que celui-ci peut être absorbé par un hôte. Je suis sans cesse fasciné par le cycle de la nature qui crée cet équilibre parfait.

La chaleur m'invite souvent à nager. L'eau est généralement froide. Cependant, elle est assez tiède pour s'y baigner. À titre informatif, les eaux du Desolation Sound sont toujours plus chaudes qu'ailleurs. Les courants ne sont pas très forts et les marées ne font que déplacer l'eau de surface.

**13 JUIN 2001** – Cortes Island. Allongé nu sur une plage au sable chaud, je suis bien. Le soleil caresse mon corps. Le ciel est d'un bleu profond. Les montagnes blanches de l'île de Vancouver, loin devant moi. Rien n'est au programme ; seul le goût du moment présent. Ça, c'est la vie ! Un feu à mes côtés, je sens la bonne odeur du pain que je suis en train de cuire. Seul dans la nature, tout est possible.

Mes petites fesses blanches à la surface, je nage dans une eau limpide. J'ai le goût du sel marin sur mes lèvres. Sur le dos, je me laisse bercer par les vagues. Souvent elles sont puissantes, mais inoffensives. Je ris. Malgré tout, à l'intérieur de moi, je sais très bien que je ne suis qu'une fourmi aux yeux de Mère Océan.

Dans la région de Desolation Sound, plusieurs petits ports sont accessibles par hydravion ou bien par bateau. Là, on peut acheter de la nourriture, prendre une douche, téléphoner, discuter avec des résidants. À chacun des docks, je vois de gros voiliers, des yachts, mais aucun kayak et encore moins un canot. J'oublie combien de fois des gens m'ont jeté un regard étonné et interrogateur. Je peux dire qu'un minuscule canot amarré aux côtés de grands voiliers, ça me distingue.

Je suis déçu. Plusieurs îles sont habitées et privées. À maintes reprises, je dois pagayer plus que je ne l'avais envisagé. Les sites parfaits pour poser ma tente ne sont vraiment pas faciles à dénicher. Je ressens un fort agacement et une certaine crainte face à ces nombreux panneaux d'interdiction. Des îles, complètes ou en partie, que des riches se sont appropriées. Des endroits qu'ils visitent deux fois par année. La nature est gratuite et à tout le monde, mon œil ! Côté positif, les insulaires sont tous merveilleux. Ils démontrent une grande fraternité et une bonté hors pair. À chaque fois que je fais un arrêt pour de l'eau potable, je reçois toujours un très chaleureux accueil. La vraie nature du voyage n'est-elle pas à travers les gens ?

Un soir, je décide de contourner plusieurs îles pour atteindre ma destination plus rapidement. Les courants sont dans le bon sens, le soleil ne tardera pas à se coucher. Soudain, je ressens un léger doute. Simultanément, je scrute avec nervosité ma carte et le paysage dans le but d'identifier ma position. Je l'ignore. Je pagaie un peu. Où suis-je ? Le contrôle sur moi-même est difficile vu mes fortes montées d'angoisse. J'essaie d'attirer l'attention d'un bateau environnant, mais je ne connais pas les signes d'urgence universelle.

– « *Et merde !* »

Je suis cloîtré, livré à moi-même et à ma situation. Toutes les îles se ressemblent. J'ai une douloureuse boule dans la gorge, je veux qu'elle disparaisse au plus vite. Je prends une bonne respiration. Je lutte intérieurement avec mon désarroi. Je survole les lieux du regard. J'analyse ma carte marine pour la énième fois. Je fais une réflexion forcée. Je pagaie hésitant sur chaque poussée.

Soudain, je sais ! Un soulagement m'allège instantanément les épaules. J'ai fortement dévié de ma position estimée. Je vais sur une plage et dresse ma tente. Plus tard, sous les lueurs d'un feu, je reconnais la valeur de prendre son temps.

❊

**15 JUIN 2001** – West Redonda Island. J'ai toujours eu une crainte ou plutôt une méfiance envers les serpents. Je ne dirais pas une phobie, sinon elle serait légère. D'où vient-elle ? Je ne le sais pas. Peut-être une mauvaise expérience du passé ? Quoi qu'il en soit, après avoir fixé solidement Déesse des mers avec un petit cran, j'installe ma tente sur un plateau rocheux. Il fait beau en ce début d'après-midi. L'air marin caresse mon visage. J'oublie ma solitude. J'embrasse la paix, la joie et la nature.

Soudain, j'aperçois une couleuvre. Je sursaute. Elle est orangée et assez volumineuse pour son espèce. Elle me fixe de ses petits yeux noirs. Et alors, qu'est-ce qui peut bien m'arriver ? Je la prends délicatement. Elle tente de déguerpir, mais semble tranquillement apprécier la chaleur de mes phalanges. Je scrute sa peau rugueuse, la manipule avec soin. Je tente de l'enlacer entre mes doigts. Je suis bien. Elle semble me faire confiance. *Cool !* Je m'amuse avec ma nouvelle copine quelque temps.

Je la dépose à contrecœur, à l'écoute de mon estomac vide. Rarement je n'ai vécu une telle expérience de confiance. À la suite de cette aventure, je n'aurai plus cette plaque grisâtre sur mon cœur. Elle sera jaune.

Une bonne partie du territoire navigable de ce coin de la Colombie-Britannique traverse plusieurs parcs provinciaux, des lieux protégés et accueillants des touristes marins. Je désire les visiter tous. La beauté de certains de ces parcs est sereine. Tout autour de moi, de nombreuses montagnes ont fait leur nid. Au loin, quelques sommets sont enneigés. De hauts versants se jettent dans un couloir d'eau salée, au bas. Des îlots ont pris naissance ici et là. Ceux-ci sont comme un petit dôme, ou encore ils sont vastes et plutôt plats. Ils sont tous boisés. Je suppose que certains sont inexplorés ou inconnus. Je vois de hautes chutes d'eau douce s'évanouir dans un tumulte tonitruant. Là-bas, un lent brouillard se faufile entre quelques sommets boisés.

Chaque année amène son lot de touristes dans le Desolation Sound. Bateaux de croisière, voiliers ou kayakistes, les amants de la nature restent émerveillés par la beauté des lieux. Ils sont apaisés par la tranquillité et touchés par l'isolement. Souvent, ici et là, je les ai salués. Plusieurs, avec le sourire, semblent me reconnaître. Peut-être est-ce l'effet du bouche à oreille ? Ici, tout se sait très vite.

Sur l'eau, il y a un homme accroupi dans un petit canot vert. Une branche est accrochée à l'arrière du canot, on la suppose à une minicorde à linge. On ne voit que l'ombre du rameur devant l'immense soleil rougeâtre. Une brise glisse sur l'eau. Le ciel est d'une magnificence à couper le souffle. Tel un rêve. Mon rêve de toujours. Le guide n'est pas l'homme. Plutôt l'embarcation. Unique au monde. Celle qui se nomme Déesse des mers.

**16 JUIN 2001 –** Teakerne Arm Marine Park. Après un bon petit-déjeuner, je décide d'inspecter les bois environnants, à proximité de la plage où j'ai passé la nuit. Quelques traces humaines m'intriguent. J'avais déjà identifié un site potentiel de plantation de cannabis, par la découverte de sacs d'engrais et de récipients. Bien sûr, ceux-ci auraient pu appartenir à quelques zélés de l'horticulture voulant créer une rare et fragile petite plante chinoise sur une île déserte de la Colombie-Britannique... Je n'y crois pas vraiment, surtout à un endroit où la population environnante fume plus de marijuana que de tabac.

J'aimerais découvrir un vrai champ de cette plante, disons médicinale, par simple curiosité, vu que je ne suis pas un fervent consommateur. L'effet qu'il produit sur moi me laisse à chaque fois l'impression d'un retour à ma jeunesse. Bizarre... En outre, dans un voyage en canot seul avec moi-même, j'ai réellement besoin de toute ma tête pour négocier les courants et les vagues. Malheureusement, je ne tombe pas sur des plants de pot, mais d'herbe à puce...

Cette chaude nuit-là, les jambes en feu, j'ignore quand l'effet va se dissiper. Je veux me gratter jusqu'au sang. Je suis anxieux de l'effet. Va-t-il s'arrêter? Je ne veux pas aller à l'hôpital et de toute façon, par quel moyen? Heureusement, mes picotements disparaissent le lendemain. Disons que cette expérience de vie a mis fin à mes petites explorations.

Je prends conscience que ma nourriture diminue. Pour contrer mon manque, je pêche. Je trouve intéressant de me familiariser avec d'autres espèces de poisson, d'observer les dizaines de petits crabes brunâtres déguster les abats de mes prises. Ceux-ci sont par milliers sur les plages rocailleuses. La nature sait bien se garder propre.

Jour après jour, je deviens de plus en plus fatigué de me battre contre les vagues et les courants. Dans ma solitude, je pense énormément à ma famille, à ma vie. J'ai de la difficulté à profiter du moment présent. Je n'arrête pas de faire dix choses à la fois! Je peux dire que ma personnalité active et intense ne m'aide pas beaucoup en ce point.

❋

**19 JUIN 2001** – Walsh Cove Marine Park. Aujourd'hui j'ai fait une rencontre merveilleuse avec Bob et Rob, deux hommes dans la cinquantaine avancée. L'un est médecin, l'autre est ingénieur pour la ville de Vancouver. Avec intérêt, ils me font découvrir des peintures rupestres (j'en admire pour la première fois) et goûter à mon premier concombre de mer. Je nage également dans une magique forêt sous-marine.

Que voilà un beau souvenir!

L'après-midi est radieux. J'observe Rob flotter à la surface de l'eau avec son masque et son tuba. L'eau ne semble pas très profonde. La marée est d'ailleurs très basse. Je lui demande si le paysage est beau en dessous. Il me répond par un franc sourire. Joyeusement, il me tend son masque et son tuba.

C'est merveilleux. De longues et verticales algues suivent le rythme apaisant du courant. Je plonge et me glisse entre elles. Je pivote sur moi-même. Les rayons du soleil illuminent tout ce qui m'entoure. J'aperçois un concombre de mer d'un mauve attrayant, un crabe aux longs bras perché sur une algue, des étoiles de mer de diverses couleurs agrippées aux rochers ou sondant le fond. Jamais je n'avais assisté à un spectacle aussi éblouissant.

**20 JUIN 2001 –** Le ciel est maintenant chargé de nuages. Avant le départ de mes amis, ceux-ci me font cadeau de délicieux fruits et de confitures. Je m'étais intéressé à eux, eux à moi. On va se revoir. Je ressens l'envie de retourner à la civilisation, m'amuser dans les bars, rencontrer des gens, mais j'ai prévu rester au moins trois semaines dans le Desolation Sound.

Je passe cette journée dans la solitude sur East Redonda Island. Enfermé dans ma tente, je me cloître avec mes interrogations, mes souvenirs et mes peurs. Je lis pour me changer les idées. Mes deux repas par jour provoquent en moi une baisse graduelle d'énergie. J'ai hâte d'avoir des amis, une petite amie, un travail, une routine, bref une stabilité. Qu'il est dur de voyager, seul, à dix-neuf ans! Je me trouve très jeune pour vivre toutes ces aventures.

**21 JUIN 2001 –** L'optimisme est revenu. Je lève l'ancre. Une douce pluie commence à dégringoler du ciel. Le visage tourné vers les nuages grisâtres, je suis épanoui. L'averse devient plus intense. Celle-ci me trempe. Heureux, je crie ma joie pour cette chaude averse et cette aventure. Scrutant l'horizon, j'observe la pluie frapper la surface de l'eau. Que c'est beau!

Déesse des mers est maintenant de plus en plus abîmée par mon équipée. Chaque matin, la marée basse dégage des roches, et ce, sur plusieurs mètres. Ainsi, quotidiennement, je dois la remorquer pour rejoindre la mer. C'est pourquoi la fibre de verre au-dessous est très usée et de l'eau, en petite quantité, emplit graduellement l'intérieur. Mon banc menace de céder chaque fois que j'y pose les fesses. Tout cela me rend bien nerveux. Quoi qu'il en soit, la fin de mon périple marin approche à grands pas.

❄

**24 JUIN 2001 –** Après quelques jours de cabotage sur le long de East Redonda Island j'arrive au Copeland Islands Marine Park près de Lund. Devant un beau coucher de soleil miroitant sur le détroit de Georgia, je célèbre ma dernière soirée au Desolation Sound avec mon dernier repas. À travers les rayons orangés, je vois l'averse au loin. Il y a cinq petites îles en face de moi. Il s'est passé trois semaines depuis mon arrivée. Trois semaines déjà…

Je me rends compte d'une chose : je ne suis pas plus heureux. Non. Les paysages et les voyages ne font qu'agrémenter ma vie et aider à la distinguer, pas la rendre plus heureuse. La rencontre avec Bob et Rob, ma famille, crier sous la pluie, me laisser bercer par une musique, parler avec une amie me procurent les mêmes joies. Pourquoi chercher ailleurs alors qu'ils ne sont souvent qu'à côté ?

Par magie, un bonheur de vivre s'est installé en moi durant ces trois semaines passées dans Desolation Sound. Un survol de ma vie et de moi. Cependant, je ne me doute pas de la fatigue profonde de mon corps…

❄

**25 JUIN 2001 –** Je suis prêt à amorcer ma dernière journée de canotage vers Lund, un village portuaire. De là je compte rejoindre les plages de Tofino. Je prends donc mon canot et quinze minutes de navigation plus tard, je rencontre un contre-courant qui me force à pagayer plus fort. Une immense lassitude m'envahit. Un découragement, une pincée de désespoir me tenaillent de l'intérieur. Pas encore un maudit courant ! Je n'en peux plus. Mes forces m'abandonnent. Je ne bouge plus. Qu'est-ce qui m'arrive ??? Une vague de désarroi, de colère m'embrouille l'esprit. Je pleure sans larmes. Elles ne veulent pas venir. Je suis bouleversé.

Pourquoi est-ce que je prévois tant mon avenir? Une boule est bloquée à l'arrière de mon sternum. L'intensité sans relâche m'envahit, m'épuise. Je veux sortir de ce mal. Un cri timide l'exprime. Je pose ma tête sur la rame qui, elle, est accotée aux deux rebords du bateau. Je pleure ma sécheresse, ma solitude, ma détresse. Je rejoins une rive et m'y endors.

Je termine mon périple cet après-midi-là, non sans effort. Une énergie nouvelle avait coulé en moi, laissant la matinée dans l'oubli...

Lund. Joyeux, depuis ce village, je raconte au téléphone à mes parents mon périple marin que j'ai accompli. Ma famille est fière de moi, soulagée surtout. Mes cheveux sont longs, sales, en rasta. J'ai une longue barbe au menton, plus courte aux joues. Il y a longtemps que je n'ai pas goûté au contact de l'eau chaude sur mon corps. Mes vêtements sont crasseux. Mon ventre communique sa faim par une suite de lamentations. Ma peau est bronzée. À travers l'image exprimée de naufragé, mes yeux pers restent pétillants, vivants.

De chance en chance, je vends Déesse des mers. Cinquante dollars à un Américain. Je ressens de la nostalgie. Mais ce n'est qu'un canot, après tout.

Toujours dans ce charmant village, je désire m'offrir un souper. C'est ainsi que je rencontre une très jolie blonde nommée Joey. Elle occupe un emploi dans un rustique et sympathique restaurant portuaire. Elle est ouverte et très joviale. Elle se passionne pour la nature et les voyages. Elle vit de plusieurs ambitions et de rêves. J'adore surtout sa joie de vivre à travers ses beaux yeux bleus et son sourire. Je lui parle de mon voyage, de mes plans futurs. Elle est prête à m'emmener jusqu'à Powell River, ainsi que Déesse des mers. Heureusement pour elle, j'ai trouvé un acheteur, car j'imagine mal mon canot fixé sur le toit de sa petite Golf rouge. Je ressens son intérêt à mon égard. C'est réciproque.

J'aimerais que Powell River soit au bout du monde. Or, la vie en a décidé autrement.

À l'intérieur de ma tente, derrière la bibliothèque municipale, je suis de nouveau seul. Troublé par une rencontre devenue si vite souvenir. Une réminiscence, un déjà-vu refait surface…

Je revis par ailleurs mes dernières semaines et visualise Tofino et, après, ma rencontre avec Kathy à Victoria.

Je suis toujours prêt pour l'aventure!

# Que la vie est belle !

*« Le grand amour, c'est quand il n'y a plus de distance,*
*quand on n'a même plus besoin de poser une question*
*parce que la réponse est déjà en soi et en l'autre. »*
Victor-Lévy Beaulieu

**DE POWELL RIVER,** je fais l'auto-stop vers Horseshoe Bay pour revoir Bill une dernière fois. Je ressens une tristesse, que je masque auprès de mon ami, à savoir que je ne le reverrai probablement plus jamais. J'aimerais tellement garder contact avec tous les gens que j'aime.

Finalement, j'embarque sur le traversier vers Nanaimo. Là, je lève le pouce, sous un soleil de plomb, vers Tofino… Qu'il a été long et difficile ce périple pour traverser l'île de Vancouver ! Tofino attire beaucoup d'autres *pouceux* internationaux, ce qui fait que nous formons parfois une file d'attente sur le bord de la route. D'ailleurs, ces routes sont plutôt secondaires. Malgré tout, le jeu en vaut la chandelle.

**30 JUIN 2001 –** Un sentiment d'harmonie se glisse encore en moi. Le sable est si fin. Sa couleur est beige, proche du blanc. Il me réchauffe les pieds. Je prends plaisir à laisser filtrer les grains entre mes orteils. Plus haut, aux rebords de la forêt, la plage est parsemée de morceaux de bois de grève. Ces derniers sont doux, nettoyés, décapés par la nature. En face, sur plus de vingt mètres, je n'aperçois que l'étendue dorée. À son extrémité, l'océan Pacifique y laisse mourir ses vagues courageuses. Plus loin, à gauche, un îlot boisé est baigné d'une limpidité bleutée. L'espace céleste est d'un bleu azur. Un vent chaud caresse mon visage bronzé. Au bout, on ne distingue l'horizon que d'un trait fin. Il délimite l'eau du ciel, le Yin du Yang.

Dans la région de Tofino, je découvre une végétation plus tropicale que lors de mon voyage en canot. Cette impression est notamment créée par une forte quantité de lichen dans les arbres, une flore plus abondante et dont les dimensions sont souvent spectaculaires.

J'observe aussi de nouvelles espèces marines, telles que les anémones de mer, ou les échinodermes, aussi nommés dollars des sables. Je revois aussi mon timide ami bernard-l'ermite. Lui qui est toujours protégé par sa forte coquille contre tout danger. Il n'est pas facile de le faire sortir de là ! Je remarque aussi que les moules zébrées et les algues sont d'une forme beaucoup plus bombée que celles observées précédemment, vu la grande quantité de nourriture disponible. Une fois encore, je passe bien du temps à observer.

Dès mon entrée au petit village de Tofino, je remarque la présence de beaucoup de jeunes et de touristes. Comme à Jasper et à Banff, c'est une ville de parties. Je me fais facilement des connaissances, mais sans plus. Ma personnalité joviale et curieuse fait en sorte qu'il est facile pour moi de m'intégrer aux autres. Cependant, j'ignore pourquoi, mais j'arrive rarement à établir une bonne complicité avec les autres jeunes. Seulement avec un homme, Adrien. Il est dans la mi-vingtaine environ. Il possède de longs rastas et une barbe. Il boit beaucoup.

Je fais la rencontre d'Adrien sur l'immense plage près de Tofino. Un feu est allumé. Tout le monde boit et je commence à en avoir marre. Je pars donc téléphoner. À mon retour, beaucoup plus tard, les gens quittent la plage. Je leur dis au revoir, mais ne ressens aucune chaleur venant d'eux. Je suis déçu. Je veux alors faire le point. Je marche vers une table de pique-nique d'où je distingue très bien le coucher de soleil sur la mer. Adrien vient à ma rencontre. On parle un peu. Il a trouvé intéressant qu'un homme prenne le temps d'être seul et de contempler l'horizon. Il me caresse amicalement l'épaule, comme on fait à un bon ami. Nous nous comprenons des yeux.

✳

Après quelques jours de visites dans les environs, je suis désillusionné par l'absence de solitude sur les plages. Ainsi, je passe une journée entière dans ma tente, une autre seule sur Chesterman Beach.

Dans l'après-midi, je rencontre trois Québécoises sur la plage du Tonquin Park, à proximité du village de Tofino. Celles-ci m'invitent à les rejoindre en soirée sur Chesterman Beach pour jaser du Québec autour d'un bon feu. Après avoir fait du pouce, j'arrive sur la plage en question.

Je cherche les feux de camp et mes amies. Malheureusement, celles-ci restent introuvables (le lendemain, elles m'affirmeront, navrées, qu'elles étaient allées se coucher). Néanmoins, je ne laisse pas s'éclipser l'occasion qui s'offre à moi ! Assis, je m'enveloppe de ma couverture de laine. La lune ronde se reflète sur le vaste océan. Un chemin étincelant s'ouvre jusqu'à moi. Au loin, isolées ici et là, s'élèvent dans le ciel les flammes de feux de camp. Comme moi, des gens admirent cette beauté. Ce soir-là, le sommeil fut très long à venir. Je suis transi de froid sous le ciel étoilé.

À l'aurore, une épaisse brume défile sur la côte. Je marche sur la plage, entrelacé d'épais velours blancs. Je cherche des coquillages ou des trésors déposés à marée basse. Je savoure ainsi ce rare instant, seul, avec la mer.

Après plusieurs minutes de marche, je fais la connaissance d'une vieille dame. Elle habite un des chalets sur le bord de la plage. Son visage reflète la sagesse. À la fin de notre dialogue, elle me souffle :

– « *Enjoy yourself.* »

J'ai maintenant un autre défi : marcher sur toutes les plages entre Tofino et Ucluelet. Une excursion de près de quarante kilomètres. Mais avant tout, je dois rejoindre ma sœur Kathy et ma cousine Thessa qui sont arrivées à Victoria !

Victoria est à 316 km, soit environ cinq heures en automobile. La distance pour moi n'est pas un obstacle. Pratiquer l'auto-stop demeure un plaisir. Je suis conscient du danger, mais je n'y songe pas. Je focalise sur l'apprentissage qu'il me procure : à chaque fois que j'ouvre une nouvelle portière c'est une nouvelle page d'histoire qui débute.

✳

**7 JUILLET 2001** – Assis sur le gazon, en face de l'édifice de l'Assemblée législative de la Colombie-Britannique à Victoria, je suis nerveux à l'idée de revoir Kathy après si longtemps. Surtout après l'expérience que je viens de vivre. Six mois, c'est long.

Je la vois, elle arrive. Je suis surpris de mon état. Je suis heureux de revoir un membre de ma famille. J'ai oublié comment elle est belle. Disons que mon nouveau look suscite l'interrogation chez ma cadette de deux ans. Je m'en réjouis, car j'ai changé. Par mon apparence, je veux le manifester. Ses yeux mouillés me font comprendre son émotion. La mienne aussi.

Je veux dormir seul la première nuit. Je souhaite faire le point sur ce retour : pour moi, des émotions instables signifient un besoin de solitude dans la nature.

✳

**8 JUILLET 2001** – Je revois ma cousine Thessa que j'aime énormément. Sur la plage de Beaver Lake, tous les trois réunis, nous sommes heureux et épanouis. C'est là que Thessa et Kathy décident de me faire rencontrer leurs familles d'accueil : j'ai alors la chance de faire la connaissance des gens exceptionnels.

Le lendemain soir, la famille où réside ma sœur m'accueille avec bonté pour une nuitée, malgré leur maison bondée de résidants. Ma sœur leur a parlé de mes aventures et ils sont curieux de me rencontrer. J'accepte avec joie et une pincée d'hésitation ; je ne veux pas abuser de leur hospitalité.

Bien sûr, je désire être à proximité de mes proches le plus souvent possible. Malheureusement, il m'est impossible de rencontrer Kathy et Thessa quotidiennement, parce qu'elles participent au programme de bourses d'été de langues (Explore, organisé par le conseil des ministres de l'Éducation du Canada) et à plusieurs activités parascolaires. Bien que nous manquions de temps pour nous voir, j'ai tout de même à résoudre régulièrement un dilemme entre la nature et elles…

Par un bel après-midi, je profite du fait d'être seul pour rencontrer le jeune homme à qui j'avais donné mes vingt dollars (Vous vous souvenez, à l'arrêt d'autobus de Vancouver ?) Facilement, je déniche son appartement dont l'adresse est inscrite sur un bout de papier. De l'orifice du récepteur audio, la locataire m'affirme sur un ton agacé qu'il n'y a personne de ce nom qui habite ici, puisque c'est elle qui réside dans l'appartement depuis quelques mois. Je souris face à cette circonstance de la vie : avec bonne foi, j'ai donné 20 dollars à un inconnu. Un jour plus tard, j'ai rencontré Bill qui m'engageait pour une semaine de travail. Lorsque nous donnons avec cœur, la vie nous le remet toujours 10 fois ! Et, selon mon expérience, beaucoup plus que 10 fois !

Victoria ne m'attire pas du tout. Durant ces périodes en solitaire, je veux retourner dans la nature, marcher sur les plages sablonneuses, vivre ma paix. Je décide donc de retourner à Tofino.

**10 JUILLET 2001** – Parti le matin de Victoria, après cinq heures de route j'amorce ma randonnée. Sur Long Beach, à la sortie de Tofino, je réfléchis. Revoir ma sœur m'a fait comprendre que ma famille me manque. Retourner au Québec ? Jamais ! J'ai un objectif : un an ! Je veux me réaliser, me prouver à moi-même. Un défi qui va me suivre toute ma vie…

Il n'est pas toujours très facile de marcher sur les plages. La marée peut jouer de vilains tours. Les foulures de cheville sont assez fréquentes et le sol malléable ralentit les pas. Je suis malgré tout enthousiaste, quoiqu'un peu anxieux. Ma randonnée se déroule dans la Réserve de parc national du Canada Pacific Rim. Vu le grand nombre de touristes, j'apprends qu'il est strictement interdit de passer la nuit sur la plage. Plusieurs campings sont aménagés à cet effet. Ils sont bien sûr payants et bondés. Alors, oubliez ça pour moi.

En marchant, je souris aux souvenirs de certaines nuits…

Dans un parc urbain de Nanaimo, j'étais mal à l'aise, mais satisfait de dormir à la belle étoile. Même si j'étais à la vue de tous. Dans mon sommeil profond, à deux heures pile du matin, je me suis fait réveiller, et très bien trempé, par des arrosoirs programmés. Et ce, à deux reprises pendant différentes nuitées. Cela n'avait rien de comique à ce moment-là.

Il y a aussi la nuit passée à l'intérieur d'un énorme canot indien sculpté. En bordure du trottoir, il était suspendu dans les airs par de fortes poutres. Attrait touristique, il était ainsi protégé dans un abri ouvert. Quelle aventure cela m'a procuré d'y dormir !

Dans les villes, j'ai souvent dû improviser, quitte à délaisser ma tente. Or, jamais je n'ai dormi à l'intérieur d'un bien privé. J'aurais ressenti un malaise par rapport à mon passé... Plus que tout, je préfère dormir dans les bois. Là, personne ne me dérange et j'ai une plus grande liberté.

La nuit est maintenant tombée. Sur Long Beach, la lune est pleine. La mer est douce et veloutée. Juxtaposé à mon feu de bois, il y a mon sac de couchage et mon sac à dos. Le feu qui crépite éclaire mon visage et mon torse nu. Le sable est frais sous mes pieds. Mon baladeur sur les oreilles, je transcende dans un tourbillon de musique, je plonge dans *Porcelain* de Moby. J'oublie tout autour. Je fais le vide. Je danse doucement sur cet air translucide. Mes mouvements sont fluides. La lune, elle, tourne lentement dans son corridor interstellaire, au-dessus de moi, dans un endroit inexploré, silencieux, où les astres se manifestent par leur lumière statique, un jeu à les déchiffrer, à les relier.

**12 JUILLET 2001 –** Je suis brusquement réveillé par un gendarme de la Gendarmerie royale du Canada. Celle-ci fait office de force policière dans plusieurs villages du Canada anglais. Je sais d'instinct que je ne suis pas le premier bohème à être interpellé par mes nouveaux copains policiers. Ainsi, je n'ai droit qu'à un strict avertissement sur une allure plutôt blasée. Malgré tout, je reste inquiet par la suite. Une récidive peut être suivie d'une forte amende ou d'une poursuite judiciaire.

❋

**14 JUILLET 2001 –** Heureusement, j'achève ma randonnée sans pépin le 13 juillet avec une autre magnifique rencontre, celle de Debby. Cette Anglaise de vingt-neuf ans est très sociable et très brave. Nous nous sommes tout de suite liés d'amitié.

Maintenant à Ucluelet, nous passons deux jours à marcher sur de petits sentiers en bordure de l'océan, à partager nos souvenirs de voyage sur le pouce et à converser avec quelques résidants. Elle envisage les mêmes destinations que moi. Ainsi, par le fait même, elle m'invite à me joindre à elle. Or, une voix me dicte le contraire. Je souhaite retrouver ma sœur à Victoria, et, de plus, j'éprouve le profond désir d'aller au fond de ma solitude et de mes expériences. Je crains que cette attitude crée une friction entre Debby et moi. Je la remercie de sa confiance par un sourire. Comme le font souvent les voyageurs, on s'étreint et on se dit à la prochaine.

❋

**16 JUILLET AU 18 JUILLET 2001 –** De retour à Victoria, ma sœur et ma cousine me présentent à plusieurs de leurs amies. Elles font toutes partie du même groupe de vacances. Je les apprécie beaucoup pour leur air enjoué et leur bonne humeur. Parfois le soir, je marche avec ma sœur. On discute, on s'interroge mutuellement et, bien souvent, on parle de l'impact de mon voyage sur elle et mes parents. Je n'oublierai pas, Kathy, notre marche autour du terrain de golf ou de notre conversation à l'auberge de jeunesse… Et toi, Thessa, notre marche sur la piste cyclable, où nous nous étions arrêtés sur un pont pour jaser et regarder le coucher de soleil…

Quelquefois, je vais manger dans une popote gratuite située au centre-ville de Victoria. Au rendez-vous d'aujourd'hui, le saumon était au menu. Hum! Un bon saumon… Celui-ci avait bon goût et possédait une belle texture. En fait, il était avarié. Plus tard, dans ma tente située dans un parc urbain, je vomis. De violentes crampes abdominales m'empêchent de dormir. Je suis anxieux. J'appréhende l'hôpital et la conclusion de mon périple. Prier est tout ce que je peux faire.

Par miracle, le lendemain, mon mal se dissipe. L'événement fait place à l'oubli, mais par une seule partie de mon cerveau, car l'autre est prête pour un nouveau défi : la West Coast Trail !

Et c'est reparti...

# Sur les traces
# des marins naufragés

*« Les rêves sont la pierre de touche
de notre personnalité. »*
Henry David Thoreau

**D'UNE LONGUEUR DE SOIXANTE-DIX-SEPT KILOMÈTRES,** la West Coast Trail a été édifiée à l'intention des marins naufragés. Aujourd'hui encore, son littoral est reconnu sous l'appellation *« Le sentier des rescapés »*. Sur la plage ou dans les bois, il longe la côte occidentale de l'île de Vancouver. Fondement de la Réserve du parc national de Canada Pacific Rim, il constitue un joyau écologique et possède la fière réputation d'être le plus difficile sentier pédestre de toute l'Amérique du Nord. Par ailleurs, il protège de la coupe quelques anciens et géants sapins de Douglas, épinettes de Stika, pruches de l'Ouest et thuyas géants. Les magnifiques plages sablonneuses, les grottes grugées par les marées, les imposantes roches en forme de tête humaine, les corniches de grès, les forêts luxuriantes, les rivières rocailleuses et les hauts caps rocheux juxtaposés à l'océan font aussi partie des fiertés de ce sentier. Moi, c'est par curiosité et défi que j'y pose les pieds.

Chaque année, de mai à la fin septembre, les autorités octroient le passage à près de huit mille personnes. Le départ se fait soit par Port Renfrew (au sud) ou Bamfield (au nord). Plusieurs Européens, principalement d'Allemagne, relèvent le défi. Ils ressentent de l'extase devant nos vastes forêts. Ils aiment s'y dépasser. Plus tard, je ferai la connaissance d'Américains et bien sûr de Québécois!

Le coût est de quatre-vingt-dix dollars sans réservation. Impossible pour moi. Si proche du but, je me refuse la privation. J'opte donc pour un sprint incognito.

❀

**19 JUILLET 2001 –** Port Renfrew, trois heures du matin. Dans une noirceur totale, mon faisceau lumineux me trahit. J'ai décidé de voyager léger. Mes effets personnels sont camouflés dans un bois. Je n'apporte qu'une couverture de laine, mon petit kit d'hygiène corporel, mon journal intime, ma gourde d'eau Nalgène, mon brûleur, une quantité de riz et de macaroni pour deux repas, mon manteau Chlorophylle, une lampe de poche, ma gamelle et mon couteau. Tout ça à l'intérieur d'un petit sac à dos.

Le début du sentier est situé du côté opposé d'une rivière qui, elle, est d'une largeur d'environ dix mètres. Pour m'y rendre, je dois traverser un camping. Ainsi, silencieusement, je me dirige vers la rive. Personne n'a conscience de ma présence. Malgré la noirceur, je suis certain de ma position et de celle du sentier. Précédemment, j'avais recueilli toute l'information nécessaire et j'avais arpenté les lieux.

Les deux pieds dans la rivière, je ne désire pas tremper mes vêtements, donc je me mets nu. À toutes les deux minutes environ, des pêcheurs empruntent le cours d'eau pour se rendre en mer. Certains éclairent le début du sentier à l'aide de puissants faisceaux lumineux. Recroquevillé dans la pénombre, sur la rive opposée au sentier, je me sens comme l'évadé d'Alcatraz.

J'ai peur du courant, surtout ascendant. De me faire prendre aussi. Entre deux bateaux, j'essaie de traverser sans mouiller mon sac à dos. En vain. Mon coup de pied de sauvetage est trop faible. Déçu, mais déterminé, j'aperçois une embarcation gonflable pour enfant. Si proche, je n'y avais pas songé! À l'aide de celle-ci, je rejoins l'autre rive et y dépose mes effets personnels. Je reviens sur mes pas et remets l'embarcation à sa place initiale. Pour terminer, je retraverse à la nage. Toutes traces sont maintenant effacées.

Sur le sentier, je jubile. Moi, sur la West Coast Trail! Jamais je n'aurais pu imaginer! Pour moi, je suis Aladdin qui découvre la grotte aux trésors. Fier et excité, j'amorce mon odyssée, confiant. Yahoo!

La piste n'est pas de tout repos. Bien vite, plusieurs obstacles s'opposent à moi. Il y a une multitude de racines encombrantes, de la boue et un terrain très accidenté. À sept heures trente, je frôle le poste des gardes du parc. Rieur, je les observe en train de nettoyer leur vaisselle dans la rivière. Et hop! Un poste de contourné sur deux.

Sans carte topographique, il est difficile de m'assurer de ma position. Je dois demander souvent aux gens où je me trouve, comment est la condition du sentier en amont, mais sans plus élaborer. J'aimerais partager plus longuement avec eux, mais je ne vis qu'au futur. D'ailleurs, je ne veux pas dévoiler mon infraction aventurière.

Le temps est radieux cet après-midi. Je m'assois deux minutes. J'ai l'occasion d'apercevoir quelques baleines grises au loin. Je repense au long pont suspendu que je viens tout juste de franchir. Je songe aussi à la minuscule cabine suspendue où je me suis déplacé par le biais de câbles. Toutes des installations qui ont été créées pour éviter les profondes rivières. Malgré tout, j'ai dû en traverser une à pied parce qu'un «bozo» avait fixé la cabine sur la rive opposée. Un sourire se dessine sur mes lèvres. La fierté? Le ridicule face aux difficultés?

– «*Le sentier est dur, mais au moins je vis toute une aventure!*»

Treize heures, cette randonnée m'esquinte. La douleur à mes pieds est intolérable. Face à ce surmenage, je suis devenu un robot. Je ne veux pas m'arrêter et ressentir mon mal, seulement avancer. Je ne pense qu'à la fin, à l'abri dans ma tente. Sur les plages, mon labeur est accentué à cause du sol mou et malléable. Ma détermination et mon automotivation sont inépuisables. À maintes reprises sur le sentier, les randonneurs m'avaient informé qu'une femme cuisinait d'excellents hamburgers pour tous. Un restaurant? Ici?

Vers seize heures, je fais sa connaissance. Québécoise d'origine, celle-ci est tombée amoureuse d'un Autochtone de la région. Depuis, plusieurs années ont passé. Le couple tient maintenant un petit commerce pour rendre service aux randonneurs gourmands.

J'avance dans un grand abri en polyéthylène. Au fond, plusieurs larges et hautes étagères où sont rangés pêle-mêle de la nourriture et divers accessoires sont visibles. Devant, un petit comptoir offre des friandises et des articles utiles. Le sable est sous mes bottes. Derrière moi, c'est l'extérieur. On y trouve un barbecue, quelques chaises, des tables et des aventuriers qui bavardent sous le chaud soleil de seize heures. L'hôtesse se situe à ma gauche. Assise sur une chaise face à une table ronde, elle désosse avec concentration des crabes frais.

Enjoués, nous discutons quelque temps. Elle me fait cadeau de nourriture déshydratée que les excursionnistes lui ont laissée. Je lui en suis reconnaissant, car j'ai maintenant la chance de compléter la West Coast Trail avec mes trois rations par jour. Je lui parle de mon but de franchir les soixante-dix-sept kilomètres en vingt-quatre heures. Je suis étonné de sa réaction.

– «*Tu n'auras pas le temps de voir la* Trail*!*», me dit-elle sur un ton irrité.

Elle me laisse songeur. J'aimerais découvrir davantage cette personne, mais chaque instant m'est compté.

Vingt heures. Je me situe à la moitié du sentier. Une rivière pareille à la première me fait obstacle.

– «*Je suis écœuré de tant de maudits obstacles!!!*», me dis-je exaspéré, sur un ton assez élevé merci.

Par habitude, comme à l'entrée, un bateau fait la liaison entre les rives. Or, la dernière navette a éteint ses moteurs à dix-sept heures. Même si celle-ci avait été en fonction, je n'ai aucun droit sur le sentier. Que faire?

J'aperçois deux Américains bedonnants dans un petit chalet riverain. Je leur confie que je dois traverser la rivière avant la noirceur. J'ai énormément faim et chaud. Eux mangent de délicieux petits gâteaux dans la fraîcheur de leur abri. De façon tacite, je fixe leur embarcation à deux mètres d'où je suis. Ils ferment les yeux. Je décide donc de faire du pouce sur une pointe rocheuse, non loin. Les rares bateaux qui passent semblent m'ignorer aussi. Aidez-moi, S.V.P.!

Une fois encore, je dois me résigner à la nage. Les Américains m'avaient averti que de forts courants sont présents dans ces eaux. Leur puissance est telle qu'ils peuvent emporter un homme jusqu'à la mer, vers l'infini, ou bien l'agripper et l'emporter sous la surface, avec les poissons... J'ai très peur.

J'atterris sur les rives du lac Ontario. Sur une pente gazonnée, je m'assois.
Le silence m'apaise. Je ressens instantanément une plénitude.

L'hiver à Churchill, l'horizon n'est qu'une fine ligne séparant le ciel bleu du sol gelé.
Le paysage me déconcerte. Il ne fait surgir qu'un mot dans mon esprit : froid.

Je commence à prendre des habitudes. À chaque ville, comme ici à Saskatoon, commence une nouvelle routine : trouver une carte de la ville ; m'informer ; chercher les casiers pour mon sac à dos ; dénicher une place pour dormir et manger.

Voilà des années que j'espère les grimper. Elles sont maintenant sous mes yeux : les premières montagnes de l'Ouest. Celles dont je rêvais depuis longtemps.

Le mont Robson est la plus haute cime des Rocheuses canadiennes. Au cours
de ce voyage, je ne ferai que l'admirer. J'espère que je le grimperai un jour, lors
d'une autre aventure.

Lors de mon ascension du Signal Mountain, plus j'atteins de l'altitude, plus la neige
s'accumule sous mes pieds. Finalement arrivé au sommet, le vent et la neige
qui me fouettent sans accalmie sont mes seules félicitations.

Les Badlands sont une vallée, faites de formations rocheuses aux tons de gris, noir et brun. Je trouve ce paysage irréel, comme si je revivais le temps de la préhistoire.

Paralysé de stupeur, je suis seul, sur une corde, à plus de quatre-vingts mètres dans le vide, sur mon minuscule coinceur fétiche. Finalement, après bien des efforts je mets un pied sur le plateau béni. Je suis alors bouleversé par mes émotions.

Les paysages du Glacier National Park au Montana ne sont pas
époustouflants. Je préfère beaucoup ceux du Canada. Or, je sais que,
dans la vie, les vrais trésors ne nous sautent pas toujours au visage…
à moins qu'ils ne vous apparaissent par surprise au détour d'un chemin.

Avec le petit canot vert
de style canadien que
j'ai acheté
soixante-quinze dol-
lars et que j'ai baptisé
Déesse des mers,
j'ai navigué plusieurs
semaines dans
Desolation Sound.

Un soir, sur Quadra Island, je m'étends dans une simulation d'abri de naufragé. Fabriqués par des jeunes, les murs et le toit sont érigés avec du bois de grève.

Durant mon séjour sur l'île de Vancouver, j'ai rencontré plusieurs fois ma cousine Thessa et ma sœur cadette Kathy.

Dans le parc national du Canada Pacific Rim, comme ici à Long Beach, il est strictement interdit de passer la nuit sur la plage. Les campings étant payants, oubliez ça pour moi… mais au matin je serai brusquement réveillé par la police.

Sur le sentier, je jubile. Moi, sur la West Coast Trail ! Jamais je n'aurais pu imaginer ! Pour moi, je suis Aladdin qui découvre la grotte aux trésors. Fier et excité, j'amorce mon odyssée, confiant.

Avec deux Allemands et un Espagnol, je fais une randonnée dans le Parc national Yoho. Nous admirons les beautés qui nous entourent. Notre but est le même : tout voir ! Tout vivre ! Peut-être trop à la fois…

Plusieurs hauts massifs et des glaciers, comme ici le glacier Mendenhall, bordent le fjord profond où est niché Juneau.

Je marche sur les trottoirs en bois rond fendu de Skagway. Cette ville semble accrochée à son passé. Tout ce qui la compose souhaite rappeler la ruée vers l'or.

Sur la berge du Bennett Lake, au bout de la Chilkoot Trail, une ancienne petite église en bois rond est dressée. Elle a été rebâtie à la suite d'un incendie de forêt. Je me sens privilégié lorsque je pénètre à l'intérieur.

Dans la vallée du Denali National Park and Preserve les hautes montagnes sont dégarnies de végétation et colorées d'un brun foncé. Les têtes les plus éloignées m'apparaissent comme des cônes blancs.

En route vers Tok, j'emprunte la Glenn Highway. La vue sur les hauts sommets de l'Alaska est alors magnifique.

Assis dans le Parc national et réserve de parc national du Canada Kluane, je contemple le plus beau décor que je n'ai jamais vu. Telle est l'expression spontanée qui me traverse l'esprit.

Je me rappellerai toujours ce matin… Je viens tout juste de quitter mon bivouac. Soudain, en relevant la tête, j'aperçois mon premier vrai ours grizzly.

Au cours des trois jours de voyage que je ferai avec Annie, nous nous arrêterons au Signpost, à Watson Lake au Yukon.

Au revoir Saskatoon ! Dans l'autobus qui me ramène vers Saint-Antonin, je regarde pour la énième fois mes photos. Je suis si fier de mes réalisations. Près de la fenêtre, les yeux fermés, je sens la chaleur du soleil qui me réchauffe le visage.

Je cherche un morceau de bois plat et dépose mon sac dessus. Je prie ensuite pour ma protection. Je prends une bonne inspiration, une expiration et… on y va!

Je sens battre mon cœur à cent quatre-vingts pulsations minute. L'eau est très froide, mais je ne me lamente pas. Je fixe la rive opposée.

– «*Non! Je dévie!*»

Je mets plus d'efforts à nager. Je bats des pieds vigoureusement. Je me propulse avec mon bras droit au plus fort de sa capacité. L'adrénaline circule dans mes veines. L'eau s'infiltre sur mon bout de bois, dans mon sac. Je ne dois pas le perdre. Il ne faut pas.

À mi-chemin, la rive se rapproche. Une vague d'optimisme m'envahit. Je vais réussir. Mes bras sont morts, je suis à bout de souffle.

– «*J'y suis!*»

Les deux pieds sur le sol argileux, un soulagement m'envahit. Les Américains semblent stupéfaits de ma tentative dangereuse. Ma colère face à ces gens est telle que je préfère les oublier, comprendre…

De retour sur la voie, je déguste un repas bien mérité. Je repense à mon épreuve, l'adrénaline toujours présente dans mon corps, la peur aussi.

Et je repars!

Je fixe maintenant le sol, éclairé par ma lampe de poche. Je ne veux pas me perdre. Le sentier borde le sommet d'une haute falaise. Grâce au crépuscule, je distingue sa beauté… Le ciel limpide se colore d'une teinte violacée, proche du noir. C'est l'obscurité derrière moi. La mer sereine est remuée seulement par quelques vagues. Je suis posté sur un terrain gazonné par la nature. Les pieds qui pendent au sommet de la falaise. En bas, à gauche et à droite, d'autres murs sombres se juxtaposent en des angles variés. Du promontoire où je me situe, les crans forment un «U» utopique. Au pied de celui-ci, je distingue une plage isolée et inexplorée.

À vingt-trois heures, j'ai franchi quarante-cinq kilomètres. Les piles de ma lampe dépensées, je suis résigné à dormir sur le sentier. Ma première nuit sur la West Coast Trail. Encore une autre nuit à grelotter.

❊

**20 JUILLET 2001** – Cinq heures, je me lève sur une journée qui promet d'être splendide. Je ne suis pas complètement frais et dispos, mais j'arbore un sourire d'honneur sur les lèvres.

Vers dix heures, je m'assois pour déjeuner. Mon quatrième arrêt en deux jours de marche. Assis sur la plage, je fixe la mer. Soudain, un craquement retentit derrière moi. J'attends et reste immobile. Un magnifique cerf-mulet avec un panache à huit pointes sort à découvert sur la plage. Il se dirige d'une allure nonchalante vers moi. Immobile, je l'observe à trois mètres. Je me réjouis de sa confiance. Soudain, il recule et me dévisage. Le vent a-t-il tourné ? Ai-je fait un mouvement brusque ? La panique s'empare de sa conscience et il prend la fuite par trois sauts dans les bois. Ce signe me fait comprendre l'importance du moment présent, de ses surprises. Aveugle, j'ai juste le temps de me rendre compte de ma chance, que je recommence à marcher.

Quelquefois, je me renseigne sur le temps restant à rejoindre mon but. Je suis à chaque fois étonné et agacé. Toujours quatre, cinq, sept heures à marcher, alors je décide de ne plus me renseigner.

Dans l'après-midi, au lieu de m'en tenir au sentier, je décide de longer la plage. Je cherche un raccourci jusqu'à Bamfield. Curieusement, lorsque je cherche le sentier, je ne vois qu'une épaisse végétation. J'estime que le sentier principal doit être plus loin. Blasé et fatigué, je poursuis mon périple sur la plage.

Quelques kilomètres plus loin, toujours pas de sentier. Je suis inquiet, en colère. La marée monte sur les crans devant moi, submergeant tout accès en amont. Rebrousser chemin ? Jamais !

– « *J'vais-tu la finir cette maudite trail-là !!!* », râlai-je entre mes dents.

Au hasard, je cherche dans les bois. Je suis angoissé d'être perdu. J'estime que le sentier longe la mer parce que plus loin, les responsables du parc dissimulent de sévères coupes de bois aux touristes. Après une marche laborieuse, je le retrouve finalement. Une fois cette expérience vécue, je me promets de rester sur le sentier jusqu'à la fin.

L'angoisse et ces montées d'adrénaline m'ont dévoré à l'intérieur. La plupart de mes muscles me font souffrir ; mes trapèzes par le poids de mon sac à dos, mes mollets, mes genoux et mes cuisses par cette randonnée ardue. Mes pieds sont les pires. Ils sont presque blancs, humides avec quelques ampoules. La douleur est telle que je pense ne plus pouvoir marcher pour une journée. Ces bonnes bottes Zamberlan se détériorent graduellement. J'accepte et ne me fixe qu'un but ultime : ma tente et un bon repas.

À mon deuxième soleil au zénith sur la West Coast Trail, je me faufile sournoisement en face du deuxième camp des patrouilleurs. Je ne vois que mon très proche objectif, insensible à ma douleur, les yeux pochés.

Dix-huit heures. Je suis étendu, haletant, sur Pachena Beach, situé dans le camping Centennial Park.

– *« Est-ce bien terminé ? »*, me demandai-je, embrumé par une forte léthargie.

Je n'ose pas croire à la conclusion. Soixante-dix-sept kilomètres en trente-six heures. Je ne veux pas fermer les yeux, car je vais tomber dans un profond sommeil. Je me sens plus soulagé que victorieux. Je pensais ressentir une grande extase ; ce n'est pas le cas.

Fier d'avoir relevé un tel défi, je passe la nuit dans un minuscule cabanon chauffé du camping. Mon corps me quémande le confort, le repos. Le thermostat au bout, la chaleur berce mes rêves. Maintenant, je n'envierai plus ceux qui l'ont réalisé, parce que… moi aussi, je l'ai fait et pour la vie !

❈

**21 JUILLET 2001** – Clic, Clic, Clic. Quoi encore ? Oh chut, Billy ! Quelqu'un essaie d'entrer… Faites qu'il ne réussisse pas… Ouf ! Il est parti. Sept heures et demie, ce devait être les responsables de l'entretien. Peu importe, je ramasse mes affaires et fiche le camp d'ici. Je veux juste avoir une petite place à moi où je ne serai pas dérangé

– *« C'est pas la mer à boire, coudons ! »*

Mes victuailles sont à sec. J'ignore d'ailleurs où je suis réellement. Plus tard, après renseignements, je sais que le village de Bamfield n'est qu'à quelques kilomètres. Sur le chemin de gravier, je lève le pouce.

Dans le très petit village portuaire de trois cents habitants, je suis toujours aussi confus au sujet de ma position. Selon la petite femme du petit motel, une navette parcourt Bamfield – Port Renfrew tous les jours. Or, je ne dispose d'aucune somme d'argent. Le pouce demeure encore ma seule alternative. Donc, je dois rebrousser chemin pour rejoindre l'autoroute. Un périple de quatre-vingt-deux kilomètres vers la première route asphaltée. Je n'ai pas besoin d'ajouter qu'il n'y a pas beaucoup de véhicules à Bamfield…

Je ne me laisse pas envahir par la panique, ni aucune forme de déstabilisation. Or, je la sens forcer en moi, elle qui désire ardemment accaparer toute la place. Je suis seul et je dois sortir d'ici par la force de mon contrôle et de ma volonté. Tel un marin qui contrôle son voilier lors d'une furieuse tempête. Je demande l'aide de plusieurs personnes et une famille accepte. Heureux et soulagé, je file vers Port Alberni. Il me reste plus de cinq heures d'automobile pour revenir à ma tente. Je n'ai plus aucune nourriture, je ne désire que le repos et la sécurité de mon havre. Je prie pour revenir à celui-ci le soir même. Anxieux, j'y mets tout mon esprit positif.

Plus le soleil chemine dans son arc, naturellement, librement, plus je m'approche de mon but, tête baissée, entêté. Quel paradoxe !

Treize heures. J'attends, le pouce levé, depuis trois heures. Il fait chaud. Je suis épuisé et j'ai faim comme cela s'est produit peu de fois dans ma vie. Mon corps courbaturé semble vouloir s'affaisser. Contre tout préjugé, je décide de quêter. Je me dis que si je ne risque rien, je n'aurai rien.

Je frappe à plusieurs portes, la plupart du temps sans réponse. À l'une d'elles, un homme m'offre quelques précieux fruits. Jamais la nourriture n'a égalé une telle valeur à mes yeux. Je parle de mon voyage aux gens, de mon exploit, mais surtout de ma faim. Cette fois-là, deux personnes me font cadeau de nourriture, dont l'une me tombe du ciel : un couple dans la quarantaine immobilise tout simplement son véhicule près de moi. Un beau sourire aux lèvres, ils descendent de leurs sièges. Ils possèdent un succulent repas chaud, non touché et ils me l'offrent gentiment. À la fin de notre rencontre, ceux-ci me disent :

– « *Dieu soit loué.* »

Durant tout mon voyage, jamais cette situation ne s'est présentée de nouveau. Il fallait que ce soit là, au bon moment.

Ce soir-là, après que deux Allemands m'eurent embarqué, je dors profondément dans ma tente à Port Renfrew, dans la position de fœtus, sous le violacé crépuscule ...

Je retourne au bureau de la West Coast Trail le lendemain. Là, des gens se préparent à l'affronter. De l'information verbale et cinématographique est obligatoirement transmise aux randonneurs. Plusieurs sont habillés de vêtements et d'équipement neufs. Quelques-uns prennent religieusement des notes. De la nervosité s'est installée dans certains yeux, on lit l'excitation dans d'autres. L'accent de la rencontre est mis sur les difficultés du sentier. Pour moi, la vraie difficulté me semble être la nouvelle adaptation qui s'impose à ces gens sédentaires, un grand défi pour eux. À la fin de cette aventure, ils afficheront des yeux pétillants de joie et de fierté. Bravo !

# Le désarroi du East Side

*« Pour réussir sa vie, et dans la vie,*
*    il nous faut planifier*
*    comme si on allait vivre 100 ans,*
*    mais vivre aujourd'hui*
*    comme si l'on allait mourir demain. »*
M. Wolfe

**DEPUIS MON DÉPART,** toute ma famille vit dans le doute de mon retour. Quelques jours avant que ma sœur Kathy ne quitte Victoria elle m'a demandé : *« J'aimerais que tu sois à St-Antonin, Billy, à ma fête pour mes dix-huit ans, le 7 janvier 2002. »* Je n'ose pas lui répondre. J'ignore mon futur. Je ne possède que suppositions. Or, mon cœur de frère désire lui répondre.

Chaque moment auprès de Kathy et Thessa m'est très cher. Les jeunes et les moins jeunes que je côtoie semblent bien m'apprécier. Cependant, j'adore quitter la ville pour aller là où la nature m'enlace de ses grands bras de velours, où mon ventre me tenaille, me hurle son envie de fuir.

❋

**26 JUILLET 2001 –** J'arrivais à Sooke dans la soirée, après un périple de 37 kilomètres depuis Victoria en auto-stop. Ici, je rêve maintenant de parcourir la Juan de Fuca Trail, un périple de quarante-sept kilomètres. À peine rétabli de mon équipée sur la West Coast Trail, j'envisage déjà un autre défi. Située sur la côte du Pacifique de l'île de Vancouver, la Juan de Fuca Trail est libre à tous et gratuite. J'entrevois mon record, de Sooke à Tofino à pied, pour un total général d'environ cent soixante-quatre kilomètres de randonnée.

Cette nuit-là, à quelques kilomètres de Sooke, sur la Mystic Beach, j'observe la plage qui est bordée de petites falaises. L'une d'entre elles déverse une longue et fine chute. L'océan se dévoile à moi. Je suis songeur et inquiet. Je suis courbaturé, ma fatigue intérieure semble m'imprégner et mes pieds sont toujours aussi douloureux. Sous les étoiles dorées, je réussis à trouver le sommeil. Tout à coup, je sens sur mon visage les piétinements minuscules d'un énorme rat ou d'une autre bestiole du genre. D'un trait, elle me traverse le visage...

— « *C'est assez ! Je suis écœuré !* », m'écriai-je.

Je suis résolu à louer le lendemain une chambre dans une auberge de jeunesse de Victoria. Je désire ainsi être à proximité des gens que j'aime.

De retour en ville, têtu et orgueilleux, je reporte ma promesse, me croyant capable de plus. Je ne passe qu'un court laps de temps avec ma famille et hop ! je refais du pouce vers les bois. Maintenant, je désire palper l'écorce du plus large sapin Douglas au monde, le Red Creek Fir à Port Renfrew. Or, un événement envahit ma conscience, plus que je ne l'aurais imaginé et souhaité.

**29 JUILLET 2001 –** Sur le chemin vers Sooke je téléphone à ma mère. Elle me dit que j'en fais trop, que je devrais m'arrêter et me reposer. Elle a bien raison.

Après notre longue discussion, je me sens déboussolé. En moi, du coup, quelque chose quémande un grand moment de solitude. Je déniche un bois et y monte ma tente pour deux jours. Je ne possède qu'un litre d'eau, trop peu de nourriture. Je me punis, d'une certaine manière.

Seul, j'écris tout ce que mon cœur ne peut plus supporter. Toutes mes émotions cachées. Tout ce que je veux confier, crier. Par souci de ne pas angoisser ma sœur. D'ailleurs, la langue anglaise ne me facilite pas les choses. J'avais prévu de parler à un prêtre, mais je n'avais pu joindre celui qui parlait le français. Or, j'ai confiance en Dieu.

Le secret qui me torture, le voici.

Nous sommes le 27 juin 2001. Mon voyage en canot est terminé. Je désire fortement revoir Bob, l'un des deux hommes qui m'ont fait découvrir ma forêt marine enchantée. Lors de notre au revoir, ce dernier m'avait fourni son adresse à Vancouver. J'avais ressenti de l'empathie dans ses yeux. Lui aussi avait accompli un grand voyage de vie. Le revoir me réjouissait. Je lui téléphone. Il vient me chercher avec enthousiasme. Dormir dans un bon lit chaud, haaaa !

Le lendemain matin je goûte au plaisir d'une belle maison. Celle de Bob reflète mes goûts et ceux dont je rêve parfois. Elle est modeste et empreinte d'histoires. Un grand tableau dans la cuisine affiche plein de joyeux souvenirs de voyage, telle la photo de sa belle et charmante épouse accompagnée de sa resplendissante fille sur une plage d'Amérique du Sud, une autre de ses deux filles souriantes accompagnées de leurs petits amis dans un pub australien, celle des gondoles de Venise et d'autres lieux paradisiaques dont eux seuls connaissent la vraie histoire.

Bob est employé à la Ville de Vancouver. Diplômé en génie civil, il a ensuite réalisé un tendre rêve : celui de parcourir les routes du monde. Sédentarisé, il est devenu le père de deux filles maintenant âgées dans la mi-vingtaine. L'une demeure en Australie, l'autre au Mexique. Elles ont chacune déniché l'amour lors d'un voyage. J'ai la chance de rencontrer l'une d'entre elles. Ses yeux, son sourire vrai démontrent son bonheur, tout comme ceux de Bob et sa femme. Une image de ma famille surgit de mes pensées.

Lorsque je traverse son salon, je souris. Sur un mur, je le vois dans la vingtaine, sur la crête d'un sommet, la corde autour de la taille, les yeux fixés vers l'horizon. Le second cadre représente trois jeunes amis le soir de leur fête de remise des diplômes universitaires. Étendus autour d'un feu de camp, ces heureux diplômés fixent ce dernier. Deux photographies prises dans les années soixante. L'atmosphère sereine et intime du salon me réconforte. À ma droite, la volumineuse bibliothèque m'invite. D'un survol du regard, tous les livres me passionnent. Ils portent sur la nature, les histoires de montagne, les biographies ou les connaissances générales. L'un pique ma curiosité : « *I dreamed of Africa* », mais… c'est le même que je suis en train de lire !

Je désire plus que tout m'asseoir sur son divan et lire. Être bien et en sécurité. C'est alors que Bob m'invite à visiter la ville et les lieux de son travail.

Cet après-midi-là, il me présente à plusieurs personnes et me fait découvrir l'East Side. C'est un endroit où l'héroïne est omniprésente. Je suis choqué et curieux à la fois. Pour un jeune Louperivois, c'est du jamais vu. Je n'ai rien connu de tel, même quand j'ai vécu parmi les sans-abri.

Je suis ses pas, attentif à ses propos. Il côtoie l'East Side régulièrement. Dans ce coin, une médiation a fréquemment lieu entre drogués et commerçants. Une partie de son travail est d'intervenir.

Nous interrompons notre marche pour converser avec deux travailleurs de rue. Leur travail consiste à échanger les aiguilles utilisées contre des neuves. Certains penseront qu'ils ne font que les encourager à se droguer. C'est ce que je pensais au début, mais mon ami m'a fait voir mon erreur. À un certain stade, ils ont besoin de leur dose quotidienne pour survivre, ce que leur corps quémande plusieurs fois par jour. En fournissant des seringues neuves, ces travailleurs de rue gardent les ruelles propres de toute aiguille contaminée, offrent une écoute et informent les héroïnomanes de l'assistance sur laquelle ils peuvent compter.

Dans un coin insalubre, entre deux conteneurs à déchets, j'aperçois une femme maigre et blafarde. Ses cheveux blonds, sales et cassés recouvrent son visage. Elle est couchée dans la position du fœtus. À la première vue, je crois que c'est une grosse poupée prête à jeter. J'ai cruellement tort. Cette femme avait passé trois à quatre jours à quêter de l'argent, sans arrêt et sans dormir. Son corps, épuisé, violé par l'effort, n'a plus aucune force. Donc, elle reste là, immobile, à reprendre son énergie pour quêter de nouveau. Un cercle routinier qui mène inexorablement à la mort.

Bob doit rencontrer un confrère de travail. Ainsi, on se donne un point de rendez-vous. Seul, je marche dans quelques ruelles tranquilles. Il faut toujours que je recherche l'extrême !

J'aperçois un homme assis qui semble vouloir se droguer. Je veux continuer ma route, donc je l'ignore. Il m'interpelle. Dans la quarantaine, il semble en bonne santé. Alcoolique, devenu héroïnomane récemment, il me confie son désir de lâcher prise. Il est le père d'un fils de vingt ans. Tout en discutant, il s'injecte une dose dans son avant-bras. Ce spectacle me fige et me rend craintif. L'homme me donne son numéro de téléphone pour que je rencontre son fils. Je ne l'ai pas fait. J'avais confiance en cet homme, mais pas en moi. À la fin il m'avertit :

– «*Éloigne-toi de ce trou à rats, la nuit.*»

Plus tard, Bob m'affirme qu'il n'est pas dangereux de se promener dans l'East Side la nuit. Cependant, il me conseille vivement de ne pas le faire. Or, j'ai un autre défi...

Après cet après-midi dans le East Side je décide que nos chemins se séparent ici. Je refuse son invitation pour une nouvelle nuitée dans sa demeure. Rares ont été les occasions refusées, mais cette fois-ci, je suis vraiment décidé. Ce n'est pas à cause de Bob. Jamais je n'oublierai l'altruisme de cet homme. Un ami cher qui m'a fait goûter du concombre des mers et qui m'a ouvert la porte de sa maison et de sa famille.

L'expérience que j'ai vécue dans la nuit du 28 au 29 juin 2001, je la décris ainsi dans mon journal intime :

«*La mort d'une âme et d'un cœur vivant, je la ressens. Des drogués qui sont pâles, qui tremblent continuellement, qui sont maigres, sales, puants, rejetés, qui offrent leur corps pour de l'argent, pour leur survie. Là, je veux pleurer pour ces gens, cette misère. C'est dur, très dur de voir tant de ces cœurs brisés, ces vies qui jamais ne redeviendront normales. Jamais. Ce soir, j'ai marché dans les venelles isolées, dans les grandes rues du centre-ville. De toute ma vie, c'est la première fois que je vois ça. Non à la drogue! Never! Non! La vie est trop belle. J'ai toujours pensé être capable d'être psychologue ou travailleur de rue. Mais ça demande trop d'énergie, et plus que ça.*»

Ce soir-là, je suis resté dans les grandes rues avant de venir dans l'East Side. J'ai parlé à deux mendiants, dont un refusait la nourriture que je lui offrais, ne désirant que mon argent, et l'autre qui se croyait le fils de Dieu. Les gens «normaux» sont méchants envers eux. Comment veux-tu augmenter ta confiance en toi lorsqu'il y a des gens qui t'insultent, rient de toi et t'ignorent complètement ? Sur le trottoir, avec mon copain Richard qui mendiait, je me suis senti en colère, rejeté et dévalorisé. Oui, c'est leur choix, mais ce sont des êtres humains! Respectez-les! Nous sommes frères et sœurs.

Là, je suis confus, très confus et j'ai besoin de temps à moi. J'ai peur, car j'ai touché les cicatrices d'injection d'une fille. Elle m'avait hélé et s'était dirigée droit sur moi. Elle m'avait agrippé fortement pour que je la suive dans sa demeure, pour échanger sexe et argent. Dans l'obscurité, son visage m'avait troublé. J'étais sorti de son étreinte brusquement et j'avais marché aussitôt loin d'elle. J'avais eu le temps de distinguer les cicatrices présentes partout sur ses bras. Toujours à la recherche d'une veine saine. Son visage était abîmé par le temps et par tant de souffrances.

Tant de belles filles! Toutes démolies. Qui ne ressemblent maintenant qu'à des zombies. Des filles jadis splendides…

Des sourires, je n'en ai pas vu un. Pas un! J'avais demandé à Bob s'ils étaient heureux. Il m'avait répondu que non. Parce qu'ils ne pensent qu'à leur drogue, ils ont perdu leur confiance en eux et en leur vie.

Je suis triste, car si c'était mon enfant… ce serait pire que la douleur d'une mort subite. D'une chandelle qui brûle et diminue jusqu'à s'éteindre. Maintenant, je ne veux plus devenir un punk. Je ne suis plus intéressé. J'ai assez vu et ça me détruit de l'intérieur. Je suis *sad*…

Après cette nuit, je ne suis plus retourné là-bas. J'ai une vague d'amertume qui naît à ce souvenir. Dans ma tente, j'écris tout sur papier. Tout ce qui me mine de l'intérieur. Ensuite, je brûle les mots.

Je repense aux bons moments comme avec le jeune de mon âge que j'avais rencontré à Nanaimo. Nous avions été dans un café aux couleurs des années soixante. Plus tard, nous nous sommes rendus compte que nous nous trouvions dans un café gai, à l'allure de la chanteuse travestie qui nous dévorait des yeux et qui nous pointait du doigt lors de son refrain. On avait bien ri.

Seul, je discerne que tout va vite. Les gens, les modes de transport, tout. En dehors de ma tente, je me sens assailli par toute forme de sollicitation, de perturbation. Accaparé par le bruit. Pourquoi aller si vite?

Je me souviens d'un dénommé Dave. Il venait de sortir de prison. Dans un parc de Victoria, il me faisait connaître sa religion, le bouddhisme. Je l'écoutais, quoiqu'au fond de moi, je sois catholique. Il buvait en même temps qu'il me dévoilait ses secrets religieux. Il m'aimait bien. Trop même. Il me disait pur. Il imaginait et vivait dans son monde parfait, son film. Je me sentais mal à l'aise et je désirais partir. Il ne voulait pas. Lorsque j'ai décidé réellement de «m'extirper» de lui, il m'a agrippé les cheveux. Alarmé et en colère, je me suis dégagé avec force. Il a donc coopéré, perplexe. Je suis parti d'un pas rapide, loin de lui. J'avais l'appréhension de devenir fou ou démoralisé, comme lui et ceux que j'ai rencontrés sur ma route.

Je m'interroge sur mon avenir, sur moi et sur la véritable raison de mon voyage. Je reste positif et confiant en moi, en Dieu, en ma vie. Cependant, la peur est présente. Je réalise que tous les jeunes ont peur. Ils ont peur de l'avenir qui les guette, de leur capacité à négocier un obstacle. Plusieurs ont même peur de la solitude, de la tranquillité.

Moi, j'ai peur de ma vie lorsque je n'ai pas d'objectif, pas de contrôle. Peur que quelqu'un vienne me déranger ici, peur de manquer d'argent, peur de faire du mal à ma famille, peur de rater quelque chose de beau à voir, peur de mon avenir, peur de devenir triste, peur de manquer du courage d'avancer, peur de revenir à la maison, peur du temps. Nous nous fixons des objectifs pour nous rassurer et nous créer une structure rigide nommée «bonheur». Nous nous accrochons, nous avons peur de faire confiance. Ainsi, lorsque quelque chose de nouveau arrive de magique, paf! Nous fuyons. Nous nous fermons les yeux de peur de perdre notre sécurité, nos plans. Je ne veux pas d'une vie dans la peur!

Je me souviens d'une petite fille à qui j'avais sauvé la vie lorsque je travaillais comme surveillant sauveteur à la piscine du camping du coin. Elle se débattait vigoureusement dans l'eau profonde. En détresse, elle ne pouvait pas crier. L'eau lui giflait la figure, l'air raréfié lui devenait primordial. Je lui avais lancé ma bouée annulaire. Elle ne la voyait pas et je savais que le temps était compté. J'avais plongé et je l'avais sortie de l'eau. Plus tard, elle m'a remercié. Une vie, c'est très précieux pour moi. Savoir que cette fillette pourra grandir et vivre une belle vie a été pour moi une énorme fierté, un bien-être.

Le soleil roule vers l'ouest. Je grandis en mon être. Une petite rétrospective de mon voyage, de ma vie. La boule astrale rougeâtre termine maintenant sa course quotidienne vers un nouveau jour. J'émerge de mon trou le 31 juillet 2001. Je me méfie maintenant de ma solitude.

**1ᴱᴿ AOÛT 2001 –** De retour à Victoria, je revois ma sœur et me loue une confortable chambre à l'auberge de jeunesse. Thessa et Kathy vont partir le 4 août. Elles me manquent déjà. J'aurais dû rester à Victoria tout le mois de juillet, proche de ma famille, au lieu de courir d'un bord et de l'autre !!! Le regret cache ma peur, celle de les décevoir.

Tous les soirs, je vais leur rendre visite. Cela me fait du bien. Parfois, je me joins à d'autres jeunes du groupe pour discuter et rire avec eux. Ça me rend heureux. J'ai besoin de me défouler et d'arrêter de penser.

Un bal de finissants a lieu à la fin de leur séjour. Tous les jeunes ainsi que leurs familles d'accueil sont présents. Ils ont eu la formidable gentillesse de m'inviter. L'atmosphère est enjouée, heureuse. C'est leur dernière journée en groupe. À la fin de la danse, tous les jeunes s'enlacent et pleurent sur une douce musique. Je me retire de la piste de danse. En observant ces jeunes comblés, je les compare à moi, à mon voyage…

L'auberge de jeunesse me permet de côtoyer beaucoup de personnes, surtout des Nord-Américains. Des jeunes qui vont ou reviennent des mêmes endroits que moi. Sur une table, je vois quelques livres sur l'Alaska. J'interroge les gens autour de moi dans l'espoir d'y trouver le propriétaire. Ils appartiennent à une jeune femme audacieuse, mais quelque peu incertaine d'elle-même. Elle prévoit s'y rendre par bateau.

Un homme dans la cinquantaine occupe le même dortoir que moi. Plutôt laconique, il semble un grand rêveur. Sur son lit, je distingue des brochures sur le Yukon et l'Alaska. Je l'interroge. Il me fait part de son grand rêve de réaliser ces voyages. Il m'offre même ses dépliants et revues. Pourquoi est-ce que des gens éprouvent tant d'intérêt face à ces endroits nordiques ? Depuis longtemps j'y songeais. Maintenant c'est décidé. J'irai en Alaska.

Est-ce pour la nature, l'air frais et pur ? Pour ses décors supposément magiques et uniques ? Ma raison à moi, c'est la quête de la vraie solitude. Être le seul humain à des kilomètres à la ronde. Un retour à moi-même, aux sources. Un dépassement moral. Je vais y être et le vivre !

✳

Je fais mes adieux à la famille qui a hébergé ma sœur. Je les apprécie énormément. Ils trouvent que je suis un bon gars et ça me valorise. Rarement, j'ai rencontré une famille de quatre enfants, avec des parents qui font tout pour eux, jusqu'à s'oublier eux-mêmes. Leur générosité et leur ouverture d'esprit ont été incroyables. Deux étudiantes universitaires, en plus des deux jeunes du groupe Explore résidaient dans leur maison. Dix à chaque repas, c'était un grand festin. Et avec moi à l'occasion, cela faisait onze.

La famille de Thessa a été tout autant merveilleuse. Ils m'ont nourri plusieurs fois et ont été à l'écoute de mes aventures. Ce sont eux d'ailleurs qui me conduiront à l'aéroport à l'occasion du départ de Kathy et Thessa, ainsi qu'au bateau par lequel je quitterai l'île de Vancouver, vers le Nord. Cette chaleur du cœur a été si appréciée. Je n'oublierai jamais ces cœurs vrais qui ont participé à ma chaîne humaine de fraternité pendant mon voyage.

✳

**4 AOÛT 2001 –** Aéroport de Victoria. Après l'embarquement de Kathy, je me sens seul à nouveau. Depuis notre première rencontre en face de l'édifice de l'Assemblée législative, je semble avoir connu Kathy à nouveau, avec de nouveaux yeux. En m'étreignant, elle me dit de faire attention et qu'elle m'aime. Là, Kathy n'a plus de doute. Je lui promets de revenir pour le 7 janvier 2002.

Kathy m'avait offert une photo d'elle et de mes parents, prise à l'occasion de sa récente remise de diplôme. Celle que j'avais manquée. Un cadeau qui m'accompagnera dans ma solitude. Un lien avec les miens, mon toit, ma base, ma porte de secours.

Ce soir-là, photo à la main, je prends conscience... à quel point mes parents doivent être anxieux le soir avant d'aller se coucher. Je peux mourir n'importe quand. C'est dur, le voyage. Ce n'est pas tout le monde qui y est apte. On doit être fort à l'intérieur. Une force de vivre, cette force d'avancer, celle qui t'assure que tout est possible, cette force d'être toi-même, cette force de conscience et non de rêverie.

De plus en plus, je réalise que mon choix a une grande influence sur ma famille que j'aime...

# En route
# vers Prince Rupert

« *L'irrésistible sensation d'un vrai voyageur*
*est la joie de vivre qui provient du mouvement,*
*pas une fois, mais plusieurs fois,*
*créant un état continu d'exaltation*
*et, en dessous, un contentement*
*et une paix limitrophe du paradis.* »
Brian Tracy

**AVANT D'ATTEINDRE L'ALASKA,** je désire fortement retourner à Jasper, pour revoir mes amis et revivre le « passé ». Au préalable, j'opte pour une visite à Banff et, par le fait même, je choisis de parcourir à nouveau l'Icefield Parkway, cette route panoramique qui relie Jasper à Lake Louise. Je ne planifie qu'un très court séjour dans les deux villages parce que j'appréhende le froid et les chutes de neige précoces de l'Alaska.

❋

Parti de Vancouver à bord d'un camion conduit par un chauffeur de forte corpulence, il me faut douze heures sans arrêt pour retraverser la Colombie-Britannique. Grâce à mon sympathique compagnon, j'atteins le village de Lake Louise à deux heures du matin.

Dans ma tente, les yeux grands ouverts, rivés au plafond, je suis anxieux. Je crains qu'un ours ne vienne rôder. Trop familière avec les humains, par l'inlassable va-et-vient des touristes, la population d'ours noir (*Ursus americanus*) et de grizzlys (*Ursus arctos horribilis*) du Lake Louise est parmi les plus dangereuses pour l'homme. C'est elle qui affiche le nombre d'attaques le plus élevé de l'ouest du Canada. Heureusement, comme toujours, je ne reçois aucune malencontreuse visite.

**6 AOÛT 2001** – Je me dirige vers le bord du fameux Lake Louise (situé à quelques kilomètres du village). Je suis impatient d'observer son eau cristalline, ses montagnes environnantes. De le voir enfin de mes propres yeux. Trois jeunes hommes me prennent sur le pouce ; deux de nationalité allemande, l'autre espagnole.

Je passe toute la journée avec ces jeunes passionnés dans la mi vingtaine. Notre point commun : aller devant nous, vers l'inconnu, suivre nos désirs et nos intuitions. Or, j'ai remarqué que ce genre d'attitude provoque souvent l'incertitude, qui peut devenir de l'angoisse chez certains individus. D'où l'importance de garder en soi une part de terre-à-terre, de prendre le temps de rêver et d'avoir confiance en son succès.

Nous faisons une randonnée dans le Parc national Yoho. Nous grimpons une montagne dans la vallée des Ten Peaks et prenons un bain dans le glacial Moraine Lake. Nous admirons les beautés qui nous entourent. Notre but est le même : tout voir ! Tout vivre ! Peut-être trop à la fois…

Ce soir-là, autour d'un repas, assis sur leurs sièges délogés de leur fourgonnette et sous une toile bleue en guise de toit, nous partageons nos vies. Si semblables sommes-nous, malgré nos lointaines souches. Au lieu d'user de l'anglais, nous nous mettons à discuter dans nos propres langues, ce qui engendre une conversation bien laborieuse. Il est étrange qu'une langue puisse tant faciliter la connaissance de l'autre.

**7 AOÛT 2001** – Sous le chaud soleil matinal, je dis un « *See you later* » à mes compagnons de route. Je mets le cap sur Banff.

Je savais que Banff et Jasper sont très achalandées l'été. C'est maintenant confirmé. Je suis mal à l'aise face à cette industrie touristique, trop impersonnelle. Les voyageurs sont différents de moi, mais aussi ouverts et curieux.

J'effectue l'ascension de Sulphur Mountain. Un sentier d'au moins cinq mètres de large serpente en amples « S » sur la montagne. Pour les plus fortunés, un téléphérique fait la navette jusqu'au sommet. Moi qui avais grimpé des montagnes avec la neige jusqu'aux cuisses ou avec un équipement d'escalade plutôt délabré, me voilà bien choyé. J'opte donc pour le sentier, étant naturellement trop *gratteux* pour acheter un billet de montée.

Du sommet, l'horizon dévoile son secret. Je découvre là un de mes plus beaux paysages. Pourtant, une jalousie, une colère s'emparent de moi.

– « *Une montagne, ça se gagne ! J'ai toujours travaillé dur pour le paysage et là, des millions de personnes en bénéficient sans avoir versé une seule goutte de sueur !* », sifflai-je entre mes dents.

Hâtivement, je redescends les marches vers la sortie du téléphérique. Tête baissée, je n'ose pas prendre le temps d'observer un paysage que je n'ai pas gagné.

À la sortie du téléphérique bondé, j'aperçois une femme âgée et paraplégique. Son fauteuil roulant se faufile avec difficulté dans la foule. Elle affiche un beau sourire, ses yeux sont remplis de larmes. Je comprends alors que c'est la première fois qu'elle atteint la cime d'une montagne. Peut-être est-ce la dernière. Pour tous ces gens inaptes à l'accomplir à pied, voici qu'ils le font, et ce, dans l'un des rares endroits qui leur soient accessibles. Un rêve bercé par de nombreuses années et réalisé au grand jour. Du coup, je souris et trouve ridicule mon exaspération.

Sur la rive de la Bow River, je dresse ma tente. Mon regard est plongé dans l'eau turquoise. J'ai si hâte de ressentir la paix, le silence du Yukon et de l'Alaska. Sans les bruits d'automobiles, du train qui passe à dix mètres de moi, des gens aux alentours et de l'inquiétude de me faire déranger. Je décide de m'y rendre le plus tôt possible.

**8 AOÛT 2001 –** Jasper a changé. Il n'y a plus de neige, plus de glace, ni de froid. Curieusement, la ville a perdu son intimité. Le parc où j'avais l'habitude de m'arrêter est achalandé. Les autocars omniprésents viennent et partent sans relâche. Les rues grouillent de curieux. Cependant, je me sens moins oppressé qu'à Banff. J'en profite pour revoir mes anciens copains. À tout le moins, ceux qui sont toujours là.

Je suis heureux de retrouver Emerson, Nathan et Nicole. Emerson offre de m'héberger. Il jouit, depuis l'été, d'un nouvel appartement et d'un nouveau groupe d'amis. Je passe du bon temps avec eux.

Malheureusement, le goût quotidien de la fête y est toujours. Dans les bars, l'ambiance est la même. Une ancienne connaissance y est assidûment soûle. Je revois d'autres relations, qui elles sont sobres et contentes de me revoir. À Jasper, j'ai compris les bienfaits d'une consommation modérée.

Je rencontre les deux colocataires de mon hôte. Eux aussi possèdent le même intérêt pour l'alcool. Ils délaissent malheureusement une partie de pêche le lendemain, car ils sont trop amochés. Emerson, la bande, que vous procure l'alcool ?

Ce dernier caresse un rêve. Celui de surfer sur les énormes vagues de l'Australie. Coïncidence, il vient de se lier à une gentille Australienne récemment domiciliée à Jasper. Plus tard, comme nous tous, il songera à Jasper et sa vie de jeunesse bien remplie. Mais au juste, qu'est-ce vraiment une vie de jeunesse bien remplie ?

Revenir me fait réaliser le bon choix d'être parti : pour l'écoute de mon bonheur qui, pour d'autres, était d'y rester. Après les adieux à mes compagnons vient le temps de dire adieu à Jasper. En marchant vers la sortie, je regarde les dernières maisons par-dessus mon épaule. Une mélancolie m'envahit.

**9 AOÛT 2001 —** De retour sur la route dite Yellowhead Highway (une partie de la transcanadienne entre le Manitoba et les confins de la Colombie-Britannique) un conducteur m'offre de me déposer à Prince George, trois cent soixante-seize kilomètres plus loin. J'accepte. Après quelques kilomètres, sur la route, j'aperçois un jeune homme qui tire une minuscule remorque sur la chaussée. Un miroir sur le côté de son guidon ainsi qu'un grand panneau triangulaire fluorescent à l'arrière trahit son long périple. J'avais lu qu'un Anglais parcourait le monde à pied. D'ailleurs, son parcours et ses dates concordent avec les miennes. Il me faut le rencontrer ! Étonné, le chauffeur me dépose au milieu de nulle part.

Ce n'est pas l'Anglais dont j'ai entendu parler, mais plutôt un brillant et beau Canadien nommé Justin. Il demeure à Saint-Boniface au Manitoba. Justin envisage de marcher de Calgary à Jasper, puis jusqu'à Vancouver, en tirant sa remorque qu'il a ingénieusement fabriquée.

Je trouve audacieux son projet de parcourir plus de mille deux cent seize kilomètres à pied, tandis que d'autres le trouveraient probablement loufoque.

Nous devenons tout de suite complices. Nous avons beaucoup d'affinités, dont une philosophique. Nous avons presque le même âge. Nous aimons nous dépasser et relever des défis. J'apprécie sa compagnie. Enfin, un gars comme moi!

Je l'accompagne vers un site de camping où nous allons passer la nuit. Là, nous nous baignons dans une eau quelque peu glacée et prenons un délicieux souper près d'un feu de camp. Il a très peu d'argent pour cette grande expédition. Il a dû travailler à Jasper durant une courte période de temps pour subvenir à ses besoins. Ses parents, eux, sont conciliants, quoique inquiets. Néanmoins, une proche parenté va l'accueillir à Vancouver à la fin de son périple.

– « *Là, je vais engouffrer une énorme et délicieuse poutine!* », me dit-il sur une note joyeuse.

Coïncidence, Justin est le cousin de Nicole, mon amie. Être arrivé à Jasper une journée plus tôt, nos chemins s'y seraient certainement croisés.

Justin est très intelligent. Or, il ne croit pas à la scolarisation. Il me montre ses notes par lesquelles il a travaillé une équation, une hypothèse durant plusieurs jours. Tout n'est que calculs. Je suis impressionné et j'admire ce don. Je décide de l'accompagner pendant une journée.

Dès que nous amorçons notre marche, quelque chose attire mon attention. Sur le bas-côté, à proximité d'un petit lac, je vois un modeste et ancien cimetière entre les arbres. Nous supposons que reposent là les corps d'une seule famille. Ceux appartenant à plusieurs générations. Délavée est la peinture blanche, estompés les écriteaux. Une basse clôture délimite le site funéraire. Ici, un sentiment de mysticisme naît en moi. J'imagine ce cimetière au début des années mille neuf cent. Une famille entourant le défunt, des enfants qui s'amusent dans les bois juxtaposés aux pierres tombales. Je suis déçu, car maintenant, une route brise son silence et viole son intimité.

Je suis étonné d'observer autant. Je me rends alors compte de tout ce que je ne vois pas en voyageant en automobile. Il est plus facile de s'arrêter et de voir les beautés à pied. Il est d'ailleurs possible de partager avec les gens.

Sous un ciel sans nuage, un couple d'Européens prend le temps d'arrêter son véhicule pour nous aborder amicalement. Une occasion qui survient régulièrement pour Justin.

Nous distinguons de nombreuses espèces d'oiseaux, un canidé (un loup?) au loin. On goûte le temps, pas à pas.

Vingt-cinq kilomètres plus loin, mes pieds me réclament du repos. Mon sac à dos qui pèse de 20 à 25 kg meurtrit mes muscles trapèzes et le bas de mon dos. Peu importe, car nous sommes en face du plus beau lac de tout l'Ouest : Moose Lake.

L'hiver dernier, alors que je revenais de Kamloops, j'avais campé sur ses berges, et ce, malgré la noirceur, l'interdiction et le froid. J'avais fait naître un chaud feu de camp et je m'étais étendu dans mon sac de couchage à ses côtés. Le ciel limpide dévoilait ses étoiles. Une neige blanche avait enseveli les glaces du lac. On distinguait sur sa croûte les scintillements dus à la luminosité nocturne. Sur ma gauche se dressait une obscure et haute chaîne de montagnes. À ma droite, la route partait en grimpant et zigzaguant vers la pleine lune… Un rêve s'était alors accompli.

Me voici à nouveau près de ce même lac, environ six mois plus tard. Loin de l'autoroute, Justin et moi dressons nos tentes sur son bord.

Devant un magnifique coucher de soleil, nous apercevons un énorme arbre nu couché sur la rive. Justin s'y assoit avec son bongo, instrument d'origine latino-américaine dérivé du tam-tam. Le feu qui commence à crépiter, à prendre de l'expansion est entre lui et moi. Le soleil se noie aux trois quarts dans l'horizon, le ciel est parsemé de petits nuages orangés. Face à moi, Justin n'est qu'une sombre silhouette.

Sa caméra vidéo à la main, je photographie d'un seul cadrage : en premier plan un feu qui crépite et s'agite langoureusement ; puis, au moyen plan, de multiples réflexions lumineuses qui se collent à un homme.

Sa silhouette, sombre par moments, devient illuminée par d'autres. Seuls mouvements, ses mains qui frappent tranquillement sur la peau tendue de l'instrument. Un doux rythme musical voltige dans l'air. Le crépuscule baigne le ciel d'une forte couleur orangée en arrière-plan.

L'homme est heureux tellement le moment est parfait, qu'il veut le vivre pleinement, s'en imprégner. Il désire dévoiler sa différence et se faire reconnaître. Il croit à l'accomplissement de tout.

Le lendemain, nous nous étreignons et nous disons au revoir. Je ne songe qu'au Nord. Surtout, je veux embarquer sur le bateau à temps. Je juge que c'est bien qu'il accomplisse son expédition seul, comme moi.

**11 AOÛT 2001 –** «*Dans la vie, tout a sa raison d'être*», dit le dicton. C'est bien vrai si je me fie aux péripéties qui entourent ma rencontre avec un Autochtone sur la route menant à Prince George.

Je ne connais pas son nom. Il est dans la quarantaine. Il lui manque une ou deux incisives. Son visage parcheminé et son allure frêle trahissent son alcoolisme. Or, il arbore un sourire franc, laissant transparaître la bonté. Il m'offre du crack ; je refuse.

Au cours de mon voyage, j'ai rencontré beaucoup d'hommes semblables. Je ne voulais pas trop m'intégrer à eux. À chaque fois que j'essayais, je ressentais une fatigue immédiate. D'ailleurs, je supposais qu'ils ne pouvaient rien m'apporter. À chaque fois, je ressentais une irritation se manifester en moi, accentuée par la fatigue.

Comme moi, l'Autochtone se dirige sur le pouce vers Prince George. Il doit assister à un mariage familial et il a déjà manqué l'ouverture. Par courtoisie, vu que je suis arrivé ici avant lui, il va se placer un peu plus loin sur la route.

Un automobiliste s'immobilise. J'aborde le conducteur et lui demande, sans insister, d'embarquer cet Autochtone qui va aussi à Prince George. Il accepte avec joie de le prendre.

Au tiers du parcours, il nous faut recommencer à lever le pouce. Nous inversons alors les rôles. Lui à l'avant, moi beaucoup plus loin sur la route. Je me trouve alors dans un endroit campagnard que j'appelle : être au milieu de nulle part. Je veux arriver à Prince George au plus vite, il fait chaud et je suis écœuré. La circulation est devenue plus rare. Je doute des intentions de mon « coéquipier ».

– « *Il est mieux de ne pas me nuire celui-là ! J'aime pas mal mieux tout faire par moi-même !* », me dis-je en bouillant de chaleur et d'irritation.

Finalement, une automobile ralentit à ma hauteur. J'aperçois un nouveau conducteur... et mon Autochtone édenté qui me sourit à l'arrière. Je souris face au visage comique de l'homme. J'oublie du coup ma situation.

À la moitié du trajet, nouvel arrêt dans un village. Mon ami m'offre une frite. Celle-ci est très appréciée par mon estomac vide. On parle, mais sans élaborer. Je ne veux pas vraiment de lui dans mon voyage. Je suis toujours réticent.

De retour sur l'accotement, je me place en premier cette fois. Nous sommes vers la fin de l'après-midi. Son mariage est sur le point de se terminer.

Un bon samaritain s'arrête. Comme la dernière fois, je lui parle de l'homme qui se rend au même endroit. Il accepte de l'embarquer.

Sur la route, le conducteur et moi voulons le faire réfléchir sur les méfaits des drogues dans sa vie. Il admet les problèmes qu'il vit à cause de l'alcool. Il nous partage son enfance de débauche. Il nous confie qu'il aime énormément ses deux fils, qu'il leur veut un bel avenir. Or, tout en parlant, il ingurgite plusieurs bières. Affecté par la bière et le crack qu'il a consommés plus tôt, il n'a plus aucun discernement.

Finalement, nous atteignons Prince George. L'Autochtone m'invite à me joindre à la célébration familiale. Elle a lieu dans une grande salle communautaire. J'hésite longuement. Finalement, j'accepte avec un timide sourire sur les lèvres.

Une dizaine de personnes sont présentes dans la salle, les autres invités sont déjà retournés chez eux. Mon Amérindien souriant semble rempli de joie ainsi que sa famille. Étant très pacifique et bon, je vois vite qu'il est très apprécié par ses proches. Je fais leur connaissance. Les mariés m'invitent à essayer leur délicieux buffet de saumon sur barbecue, de petits et gros gâteaux, de riz, de salades, de pains chauds... Ils m'offrent même d'en garder pour mon voyage. Avec eux, je me remplis la panse.

Soudainement, mon partenaire de voyage place son bras autour de mes épaules et me donne à boire. Bière, vodka, co…gnac, té..qu..i..l..a.. Un peu soûl, je danse avec eux aux sons d'une musique rythmée, plutôt américanisée qu'amérindienne.

Plus tard, les yeux fixés au plafond de ma tente, je réalise que mon Autochtone, ou devrais-je dire mon ami, est un être humain comme nous tous: imparfait, doté de sentiments et d'émotions.

Dans les environ de Prince George, la circulation devient de plus en plus rare. La saison touristique est sur le point de se terminer. Je crains celle de l'Alaska et du Yukon, dont j'entends parler par de nombreux potins, souvent désapprobateurs (je me demande d'ailleurs pourquoi ils sont si négatifs, peut-être des excuses qu'ils se livrent à eux-mêmes):

– «*Là-bas, tu risques d'attendre deux jours avant que quelqu'un t'embarque!*»

– «*Les routes sont en gravier et les prix sont exorbitants!*»

– «*Y'a pas un chat!*»

– «*Les grizzlys sont dangereux, tu risques de te faire manger tout cru!*»

Et puis zut! Si je me fie toujours aux autres, je n'irai pas loin dans la vie!

Pour contrer l'attente prolongée en bordure de la route, j'ai une idée qui m'avait déjà été suggérée…

Debout, le pouce toujours bien haut, le sourire au visage, mon sac à dos à mes pieds, je place devant moi un grand carton. Mis à part le petit visage souriant dans le coin, il est inscrit:

– «*I don't smell.*»

En inscrivant «*Je ne sens pas mauvais*» j'établis un lien avec les anecdotes du *pouceux* malpropre qui sent tellement mauvais que son odeur reste imprégnée à l'intérieur du véhicule pour des jours. Bien sûr, ce n'est qu'une légende urbaine…

Durant mon voyage, ma pancarte m'a vraiment facilité la tâche. Plusieurs conducteurs hésitants me faisaient au moins cadeau d'un beau sourire ou s'esclaffaient, ce qui agrémentait mes attentes. Par ailleurs, quelques chauds cœurs ont continué leur chemin en riant et sont revenus par la suite pour m'embarquer. Parmi tous ceux qui m'ont accueilli, j'étais pour plusieurs le premier.

※

**12 AOÛT 2001** – Prince George. Une jeune fille demande à son père s'il peut embarquer le *pouceux* avec la *funny* pancarte. Désirant faire vivre cette première expérience à ses deux filles, il acquiesce et immobilise son automobile à mes côtés. Je m'amuse bien avec eux, surtout au défi du mangeur de crêpes.

Assis dans le petit restaurant local pour un petit-déjeuner, mes nouveaux compagnons me parlent du grand défi, celui d'engloutir trois grosses crêpes. Le vainqueur bénéficie de son repas gratuit et d'un certificat d'authenticité. J'accepte avec enthousiasme, quoique je me sois bourré la veille et que je me sens très épuisé. Le père aussi se sent d'attaque, de quoi mettre un peu de compétition entre nous deux.

Malgré l'orgueil que je manifeste contre ces maudites crêpes, l'une d'elles reste intacte. Mon coéquipier en laisse une et demie. Une crêpe d'un centimètre et demi d'épaisseur sur 30 cm de diamètre, c'est long à ingurgiter… et à digérer!

De retour sur le bord de la route, je me sens pressé, tourmenté à l'idée de manquer le départ du bateau. Il fait très chaud. L'asphalte semble bouillonner. Mon esprit se fixe sur Prince Rupert, six cent trente-six kilomètres plus loin. Je me donne corps et âme à ce trajet, comme pour celui de la West Coast Trail.

Mon visage ruisselle de sueur, mes yeux sont mi-clos, mon cœur semble sautiller. J'ai de la difficulté à digérer les crêpes. À tel point que je me dirige parfois vers le fossé pour vomir. Toujours en vain. Je suis épuisé. J'ai le dos rond, le pouce levé et ma pancarte est posée sur mes jambes. Je lance des regards de sollicitation mêlés de pitié. Leur sourire par rapport à ma pancarte me donne du courage. Je prie pour ne pas vomir dans une automobile et me rendre à destination au plus vite.

Finalement, un jeune homme m'embarque et me dépose quelques kilomètres plus loin, un autre fait de même. Tous deux ont été attirés par mon affiche farceuse.

À la tombée de la nuit, alors que mon désespoir se fait sentir, une femme s'arrête sur l'accotement. Ma santé s'est améliorée. Je n'ai pas mangé depuis le matin, juste bu. Les hippies qui m'avaient embarqué précédemment m'avaient assez jasé pour me faire oublier mon malaise. C'est cette dame qui m'arrachera à cette périlleuse journée.

Elle descend de son automobile. Ébloui par les phares, je la distingue à peine. Elle me dévisage hésitante et anxieuse. Sous le coup de la spontanéité, elle me demande si je vais lui faire du mal. Sa réaction me surprend beaucoup. Jamais je n'ai imaginé blesser un de mes bons samaritains. Je comprends alors que la bonté et la générosité des conducteurs sont plus fortes que la crainte, le doute. Du coup, elle est rassurée par mes propos sincères. Elle me mènera jusqu'à destination.

Dans un maigre petit bois éclairé près du port de Prince Rupert, je déplie mon matelas de sol et y dépose mon sac de couchage. Étendu, les doigts entrelacés derrière ma nuque, je scrute le ciel étoilé. Les yeux cernés, je ressens mon corps courbaturé, telle une machine surmenée. Mes haut-le-cœur répétés et la sensation constante de saleté sur mon corps me font passer une mauvaise nuit, une nuit comme il y en a déjà eu et qui se répétera d'autres fois lors de mon voyage.

# Les portes de l'Alaska s'ouvrent

*« Tout homme est sensible quand il est spectateur.*
*Tout homme est insensible quand il agit. »*
Émile Chartier dit Alain

**Au Canada,** un traversier fait la navette entre Port Hardy (au sud) et Prince Rupert (au nord). Ce périple long de 430 km s'appelle l'Inside Passage, car il passe à travers les très nombreuses îles qui longent le continent.

Pour gagner les côtes de l'Alaska, il faut emprunter l'Alaska Marine Highway, desservi par des bateaux des États-Unis. Les départs se font à Bellingham, au nord de Seattle, dans l'État de Washington. Ils terminent leurs courses dans différents ports de l'Alaska. Le seul arrêt en terre canadienne est le port de Prince Rupert. C'est celui d'où les départs sont les plus fréquents, le port le plus prisé des voyageurs.

Pour ma part, je désire vivre un court séjour à Juneau. Cette ville est la plus petite capitale des États-Unis. Ensuite, je prévois terminer mon périple de navigateur à Skagway. De là, je serai à proximité du Yukon.

❄

**13 août 2001 –** Je suis en avance d'une journée sur l'horaire. J'éprouve de la colère face à moi-même. J'aurais dû prendre mon temps pour atteindre Prince Rupert. Néanmoins, je suis certain de ne pas rater le bateau.

Je suis astreint aux toilettes toute la matinée. Mes crampes abdominales ont raison de moi. Malgré tout, après un maigre regain d'énergie dans l'après-midi, je me précipite à la visite de Prince Rupert.

❄

**14 AOÛT 2001** – Une grosse partie de mon maigre budget passe dans l'achat de mon billet pour Juneau. Peu importe, j'ai toujours rêvé d'apercevoir de hauts glaciers semblant naître de la mer et qui se séparent de l'une de ses croûtes de glace avec un impressionnant écho. Cependant, mon but consiste surtout à atteindre le Grand Nord rapidement.

Heureusement, les douanes se traversent mieux qu'à ma dernière expérience au Montana.

Sur le bateau, j'étudie une carte nord-américaine. À l'endroit où je me dirige, je me situerai au nord du 60$^e$ parallèle. En fait, c'est beaucoup plus septentrional que la pointe arctique du Québec. *Cool!* Je ne peux plus attendre! À bord, le paysage est assez similaire à celui qui m'a accompagné lors de mon voyage en canot, en juin. Il n'y a que de lointains glaciers, aucun de ceux qui avaient peuplé mes rêves. Ceux qui m'intéressent se trouvent à proximité de Haines, hors de mon parcours.

Il est captivant d'apprendre que les villages portuaires et quelques maisons isolées demeurent accessibles seulement par bateau ou par avion. D'ailleurs, j'aperçois de nombreuses baleines dévoilant leur dos luisant, de puissants saumons du Pacifique qui sautent d'un mètre hors de l'eau. Les forêts et les sommets respirent une fraîcheur sauvage et inexplorée. L'air marin dans les narines, le froid pinçant mes joues, je ressens une excitation, une impatience. Je suis en Alaska! Yahoo!

❄

**15 AOÛT 2001** – J'arrive au port de Juneau. Chanceux, sans avoir cherché, ni nagé à contre-courant, une dame m'offre de me conduire au centre-ville. Son amie profite de l'occasion pour me familiariser avec les lieux. Juneau est entourée de hauts massifs juxtaposés à la localité. Tellement proches que je crains qu'un jour une forte avalanche avale toute la ville lors d'une forte neige hivernale.

Cette ville est bordée à l'ouest par un fjord profond qui agit comme porte d'entrée aux chics croisières qui y font escale. La communauté vit très bien de l'industrie touristique et de la pêche. Il n'y a aucune route qui quitte l'immense territoire.

L'automobile n'est utilisée que pour les obligations quotidiennes, à l'intérieur de l'agglomération. Il ne faut pas s'y tromper, Juneau n'est pas une de ces villes de cow-boys comme on en voit à la télévision, loin de là. Elle évoque ma ville natale, mais sans ses paysages.

Elle a été bâtie en 1880, lors de la découverte d'un important gisement d'or. Ha! L'or! Il a rendu beaucoup d'hommes fous... même moi. J'ai eu la chance d'observer quelques modestes installations à Juneau. Malheureusement, rares sont les hommes qui survivent aujourd'hui à une exploitation aurifère personnelle.

**16 AOÛT 2001 –** Alors que je brandis le pouce pour me rendre au glacier Mendenhall, un homme sympathique m'embarque. Il se prénomme Jay. Après quelques échanges, il m'invite à souper chez lui avec sa famille. Je dois le rappeler.

L'extrémité de la langue du glacier se dresse en une haute paroi de glace bleutée. Celle-ci vient finir ses jours dans un petit lac entouré de plages à droite et d'arbres à gauche. De chaque côté du glacier se dressent plusieurs hautes cimes dénudées de leurs arbres. Oreilles aux aguets, on perçoit un bruyant tumulte naturel propre aux chutes. Cette matière fluide qui joute naturellement avec la gravité. Je me sens émerveillé.

Aidé d'une assiette de plastique ramassé dans un petit *fast-food*, digne des prospecteurs aurifères du nouveau millénaire, je tente ma chance dans une rivière à proximité du glacier. Celle qui était autrefois exploitée par des orpailleurs, comme en témoigne la présence d'artefacts : pelles, câbles, batées et conteneurs métalliques. Des gens m'avaient appris à concentrer mes recherches dans les fissures d'un lit de roches ou bien dans les recoins, en retrait du courant. Toujours en pensant que l'or est plus lourd que la roche.

Dans un enthousiasme sans borne, j'amorce ma recherche. Le sol est mou et je m'enfonce dans la boue jusqu'aux genoux. L'eau me glace les jambes. Je continue à remonter la rivière. Son fond devient plus rocailleux. Je commence à laver le gravier à la batée, mais les roches partent en tous sens. Je recommence, cette fois plus tranquillement.

Mes mains sont rouges tellement elles sont gelées. Je ne vois que des roches, encore des roches et du sable sans valeur. Quinze minutes plus tard, irrité, j'abandonne. Que cela devait être dur la vie de chercheur d'or!

❋

Dans toutes les rivières aux alentours, un combat s'achève. Celui des saumons du Pacifique, plus précisément, du saumon kéta ou saumon chien, dit *Chum Salmon* en anglais, une espèce qui a une grande aire de distribution. Chaque année, un très petit pourcentage d'adultes de saumon remonte leur rivière natale pour frayer. Certains, plus rares, parcourent l'impressionnante distance de 3 200 kilomètres jusqu'au Yukon. Ceux-ci, comme toutes les espèces, retrouvent leur lieu de naissance par leur sens olfactif et grâce à l'écoute de leur instinct. Après une semaine, la fécondation complétée, tous périssent bravement. Un combat perdu d'avance, accompli pour leur progéniture. En phase de décomposition, à bout de souffle, ils refusent cependant la mort. Leur chair flasque, désormais non comestible pour l'humain, rassasie les ours, les aigles, les insectes et la terre avant l'hiver. Autrefois, les aborigènes s'en servaient comme nourriture pour leurs chiens de traîneau.

Par curiosité, j'empoigne un géant de 10 à 15 kg par la queue. Il est tellement faible qu'il se résigne à son destin. Sa peau pend par endroits, il remue mollement sa nageoire caudale. Je caresse son dos, je lui donne du courage à travers l'expérience qui couronnera sa vie. Un élan d'énergie lui permet de se dégager de mon emprise et de mourir tranquille, ici, dans ce cours d'eau. Celui où il est né et a grandi avant de partir en mer. Je reste fasciné par le sort qui leur est destiné. Comme je l'avais vu dans mes livres, alors que j'étudiais en Protection et exploitation des territoires fauniques, je réalise que nous, humains, sommes des mammifères bien choyés.

❋

D'un belvédère, j'observe deux petits icebergs flottant sur un modeste lac face au glacier. Là, l'eau est glaciale. Non loin se trouve une plage où plusieurs adultes et enfants s'amusent dans un petit plan d'eau tiède éloigné du lac. Le soleil est à son zénith, l'air est chargé de canicule. Je crois que je vais aller faire une petite «saucette» moi aussi! Dans la tête, j'ai un autre défi.

Une bonne inspiration… expiration… Je fixe droit devant moi, dix mètres plus loin. Un frisson me traverse l'échine. Par froid ou par peur ? L'iceberg semble solide à mes yeux. Au genou, l'eau m'engourdit les muscles. J'hésite…

– « *Et hop ! On y va ! Tu le peux, Bill !* »

Jamais je n'ai nagé dans une eau si glacée. Une poussée d'adrénaline me favorise dans mes propulsions. J'ai le souffle court et mon thorax est oppressé. J'ai l'impression que des millions de petites lames me lacèrent la peau. Une anxiété naît en moi ; vais-je m'y rendre ? Depuis bien longtemps mes pieds ne touchent plus le fond du lac. Je fixe les quelques mètres entre moi et l'iceberg. De mes mains, je m'agrippe tant bien que mal à ce petit amas de glace de trois mètres sur cinq. Or, celles-ci sont tellement engourdies que j'ignore l'adhérence réelle de ma prise. Par chance, l'iceberg est ancré au sol. Autrement, il aurait pivoté. Sur le dessus, je reprends mon souffle. La chaleur du soleil m'apaise. Je lève les bras dans les airs en signe de victoire, de fierté et de la possibilité de réaliser l'impossible.

De retour sur la plage, je n'ai jamais tant apprécié le délicieux soleil, sa chaleur. Je voulais vivre un grand froid, une sensation unique. Hé bien, je l'ai vécue ! Ce soir-là je téléphone à ce chaleureux inconnu qui m'avait invité chez lui en début de journée.

✳

Outre Jay, la famille est composée de deux joyeux garçons et d'une femme au large sourire. J'aime m'amuser avec les deux enfants. Une simplicité propre aux gamins. Je m'intéresse à eux, à leur vie. J'apprécie leur nature vraie, ce repos récupérateur. Janine, l'épouse de Jay, est avocate. Ils reflètent la famille modèle américaine et canadienne, agrémentant leur vie par l'accueil d'un jeune voyageur.

Il est bon d'être en bonne compagnie, le ventre plein, au chaud, à visionner un film. Cette scène, je l'avais imaginée mille et une fois, entouré de ma famille. Un geste simple, mais qui signifie beaucoup pour moi. Alors que j'étais posté sur la route, Jay avait été un de ceux qui étaient revenus sur leurs pas, en se disant :

– « *Pourquoi pas ?* »

Le lendemain, Jay me présente à son copain Steve. Il a beaucoup voyagé et désire pratiquer son faible, mais compréhensible français. Il a vécu la terrible guerre du Vietnam. Malgré toute la misère vécue, il manifeste une belle joie de vivre.

Avec lui et son amie, nous réalisons une randonnée pédestre dont l'extrémité se situe à la cime d'une montagne. De ces hauteurs s'étend une vue magnifique sur Juneau et les couloirs environnants d'eau salée.

Il est intéressant de converser avec ces Américains. Plusieurs sont nés en Californie ou à l'intérieur de grandes agglomérations américaines. Ici, ils recherchent maintenant la paix. Malgré les commentaires péjoratifs mondiaux vis-à-vis de nos voisins du Sud, pour moi, ils sont comme nous, égaux. Steve et sa copine participent régulièrement à des courses à pied. Puisqu'ils sont très en forme, il leur est possible de franchir quatre-vingts kilomètres en moins de vingt-quatre heures. Bref, la West Coast Trail aurait été du gâteau pour eux. Marathoniens reconnus dans leur ville, l'exercice physique et le souci de la haute performance demeurent primordiaux pour eux et sont une source de leur estime de soi. Cette fois-là, pour cette randonnée, je les avais bien avertis de m'attendre.

Je me sens le touriste le plus choyé de tous ces milliers qui posent les pieds à Juneau chaque année. Je suis celui qui vit le plus intéressant, le plus cultivant des séjours.

Partout, je ne veux jamais abuser de l'hospitalité des gens. Souvent, après une ou deux nuitées, je ressens un malaise. Je désire repartir en songeant à ce beau moment vécu. L'Alaska et le Yukon m'appellent plus fortement maintenant. S'agit-il de l'appel de la nature ?

Steve m'héberge avant mon départ. Il m'offre de la nourriture et le numéro de téléphone de sa fille à Fairbanks. Qui sait, peut-être irai-je la rencontrer ?

**17 AOÛT 2001 –** De retour sur le bateau, le regard perdu dans la brume, je songe…

– «*Je suis fier de toi, Billy !*»

# Sur la piste
# des chercheurs d'or

*« Le vrai voyage de découverte ne consiste pas*
*à voir de nouveaux paysages,*
*mais à avoir de nouveaux yeux. »*
Marcel Proust

**À L'ÉTÉ 1897,** un jeune homme de Seattle entend parler de la possibilité de devenir riche dans le Grand Nord. On a découvert un gisement d'or important à Dawson City au Yukon. Les journaux du monde décrivent l'endroit comme une bénédiction. Le jeune homme a confiance en la crédibilité des reportages.

Plusieurs de ses amis qui ont un commerce, un bureau ou une famille décident de se lancer dans cette folle aventure. Lui est pauvre et seul. Il voyage à travers plusieurs contrées. Il est courageux et en bonne santé. Il se dit qu'il n'a rien à perdre. Il décide donc de s'y rendre. Il vend le peu qu'il possède et embarque sur un bateau qui le déposera en Alaska.

Le navire est bondé d'hommes aux larges sourires. Plusieurs sont très bien vêtus et démontrent une certaine arrogance. Ils sont excités par l'aventure, ils ont l'espérance de la richesse. D'autres sont vêtus de modestes vêtements. Les yeux baissés, ils semblent inquiets pour leur avenir.

Le regard perdu sur l'océan, le jeune homme sait ce qui l'attend. Dans ses voyages, il a appris. Il a fait l'expérience de la nature et de ses éléments. Il sait dès le départ que cette entreprise ne sera pas de tout repos.

Le débarquement a lieu à Dyea aux États-Unis. Il fait chaud pour un quinze septembre. On trouve sur la place des centaines de gens, des édifices en bois rond comprenant bars, hôtels et magasins d'alimentation, bref une vraie petite ville. Les routes sont boueuses. Des chevaux tirent quelques chariots. Des bœufs de trait portent boîtes et sacs de jute sur leur dos.

Une odeur de pain frais flotte dans l'air. Des hommes transportent avec peine un énorme coffre en bois sur leurs épaules. Des Amérindiens offrent leurs services de porteurs, moyennant 12 ¢ la livre.

Ils ont tous dans l'idée d'entreprendre le sentier des pauvres. C'est lui que notre homme devra affronter. Il avait eu le choix de plusieurs autres routes, mais celle-ci est la plus rapide, ouverte toute l'année, c'est la moins dispendieuse. Cinquante-trois kilomètres plus loin, au Bennett Lake, un bateau à vapeur le prendra pour le déposer à Dawson City, après un périple de 880 kilomètres sur la rivière Yukon.

Avant tout, il doit se procurer de la nourriture pour se nourrir toute une année. Une tonne à ce que des hommes lui ont dit. Si le poids de ses vivres est inférieur, il ne pourra pas franchir le Chilkoot Pass, un col qui sert de frontière entre les États-Unis et le Canada. La Police montée du Nord-Ouest (ancêtre de la Gendarmerie royale du Canada) lui ordonnera de retourner chez lui, car ces hommes de loi ont le dernier mot.

Le jeune homme embauche un Indien et s'engage dans le sentier sous une pluie torrentielle. Pas à pas, il ne parle pas. La file de gens qui le devance est ininterrompue. Tous baissent les yeux et marchent tranquillement, le souffle haletant. Il se demande s'il a vraiment bien fait de venir ici. Et dire que c'est seulement sa première journée.

Quelques jours plus tard, il joue aux bâtonnets avec d'autres jeunes hommes. Il ne veut pas d'ami, de peur de se faire du mal. Un homme et sa femme marchent en sens inverse. L'homme ne possède qu'un grand sac sur son dos. La femme pleure. Ils lui confient qu'ils en ont assez de cette misère. Ils ont fait demi-tour au Chilkoot Pass. Ils ont abandonné à cause de la forte concentration de population au bas du col, de l'inclinaison de la pente et de la hauteur de l'obstacle. Ils ont tout vendu pour un retour dans l'autre monde, un monde où la vie est plus aisée. Le couple avoue s'être ruiné dans cette odyssée.

Le jeune homme s'inquiète. Ai-je suffisamment de vivres ? Tout ce chemin à revenir et repartir avec ma nourriture. Pas question que je rebrousse chemin ! Il remballe son équipement et repart en compagnie de son porteur.

Le sentier est toujours encombré de multiples déchets. Au fur et à mesure que les gens consomment leurs denrées, qu'ils se fatiguent ou abandonnent, ils jettent du matériel. Ils abattent les arbres de chaque côté du chemin pour se chauffer et pour construire des abris ou des embarcations. La piste ressemble à une énorme fondrière.

Quelques jours plus tard, il est parmi l'immense foule de prospecteurs attendant leur tour dans la file du col. Il a neigé un peu la veille ; les roches sont ainsi très glissantes. Un homme gît et pleure à ses côtés. La jambe en sang, il se l'est gravement fracturée. Le pauvre homme devra être amputé avec les moyens rudimentaires du XIX$^e$ siècle.

La file semble interminable. Le dernier homme visible au sommet a la dimension d'une fourmi. Un treuil, actionné par des chevaux, permet de transporter les tonneaux sur la dernière section de la pente. Il sait bien, comme tous les moins fortunés, qu'il devra se contenter de ses jambes. De remonter et redescendre au moins dix fois.

La Police montée du Nord-Ouest le laisse passer et lui dit de faire attention. Le froid et la neige vont bientôt arriver. Il ne prend pas le temps d'observer la beauté du paysage derrière lui. Il est épuisé et ne demande qu'à arriver à Dawson City.

L'odeur d'animaux en décomposition est omniprésente partout sur le sentier. Des corps de chevaux, de chiens, de bœufs gisent ici et là. Il sent cette odeur nauséabonde depuis plusieurs jours. Cependant, il la préfère à celle du pain frais, des beignes sucrés ou des tartes juteuses venant de dizaines de petits restaurants en plein air qu'il a rencontrés sur la route. Le fait de vivre avec une faim constante et de ne pouvoir s'offrir, faute d'argent, un de ces délices, rend colérique cet homme d'habitude stoïque. Pour s'encourager, il se dit que là, au moins, il ne peut manger une de ces dégoûtantes carcasses infectées d'insectes.

L'hiver est maintenant arrivé. Depuis le Chilkoot Pass, les arbres se font rares, sinon absents. Le vent fouette tous les marcheurs, les laissant vulnérables à la nature telle une araignée s'agitant, tournoyant à la surface d'un lac en furie. On est en novembre et il ne reste que quelques kilomètres avant la fin de ce douloureux voyage.

Le jeune homme est à bout de force. Il ne pense pas à retourner sur ses pas. Il a tant supporté. Il ne veut pas abandonner son voyage de peur de sombrer sous l'émotion. Une épidémie a tué son porteur. Il lui faut en trouver un autre.

Dans un campement chauffé, il regarde le feu crépiter. Il se demande s'il va arriver à temps pour découvrir un filon d'or. Il ressent de la nervosité dans cette course contre la montre. Il sait qu'il y a des centaines de gens derrière lui. Lorsqu'il est parti, le mot «or» venait tout juste d'être lancé dans le monde. Il vit constamment dans la peur de se faire voler sa nourriture et son équipement par d'autres hommes. Il ne sait pas quelle tempête, quelle épidémie, quelle famine ou quel meurtre risquent de l'emporter. À ce moment, un homme rentre en trombe. Essoufflé et alerté, il informe tout le monde qu'une avalanche a enseveli environ soixante personnes. Les autorités demandent l'aide de tous pour retrouver les survivants. Les gens sont choqués par cette nouvelle. Des femmes et des hommes prient. D'autres ramassent quelques pains, des vêtements chauds et partent en vitesse à l'extérieur. Le jeune homme n'ira pas. Cette odyssée est une joute pour survivre. Il reste implacable. Son instinct de survie est entré en jeu depuis longtemps.

Tout au long de son parcours, il avait fait escale dans plusieurs petites agglomérations. Or, celle où il vient d'arriver, Bennett, est la plus peuplée de toutes. Il estime la population à trois mille personnes. Les tentes blanches qui sont éparpillées de façon aléatoire sur les rives du lac ressemblent à un vaste champ d'oies blanches. Celles-ci attendent patiemment le printemps avant de prendre leur envol. Plusieurs construisent leur propre embarcation pour se rendre à Dawson City. C'est plus rapide et surtout, gratuit.

Juché sur une butte surplombant la ville, il observe, le sourire aux lèvres. Il a réussi. Devant lui, le lac est enseveli sous un épais manteau blanc. Il est entouré de hauts massifs enveloppés de maigres conifères blanchis et coiffés d'une roche millénaire. Une grande scierie se dresse sur la rive gauche du lac. Elle laisse échapper une haute tour de fumée. Une église en bois rond est à la droite du jeune homme. Il peut entendre les choristes qui s'harmonisent. Il aperçoit très bien l'imposant port construit à partir de troncs d'arbres. C'est là que le bateau accostera en provenance de Dawson City en mai. Il y a un cimetière où reposent les corps d'infortunés.

Plusieurs modestes restaurants, des saloons et autres installations sont érigés ici et là entre le lac et l'endroit où il se trouve.

Le soleil est chaud, le ciel sans nuages. Plus loin, des guitaristes, des violonistes, des chanteurs jouent une musique gaie. Le jeune homme intrépide ressent de la joie. La fin du sentier. Un repos avant la richesse.

Le printemps revenu, il ira vers les terres d'or : le Klondike. Si ses recherches sont vaines, un homme l'embauchera comme employé dans sa compagnie aurifère. S'il découvre un important filon d'or, il se souviendra du sentier comme étant le prix de sa réussite. Cependant, jamais il n'effacera de sa mémoire l'épreuve qu'il a vécue.

La période que l'on appelle La ruée vers l'or s'est terminée en 1900 avec la ruée vers l'or de Nome en Alaska. Selon les historiens, environ trois cent mille personnes ont participé à cette odyssée et entre 30 000 et 50 000 ont atteint Dawson City. Plusieurs y ont perdu la vie, d'autres en sont revenus riches. Le destin d'un homme était dû à sa capacité d'affronter les multiples obstacles et à sa foi.

**17 AOÛT 2001 –** Je marche sur les trottoirs en bois rond fendu de Skagway. Cette ville touristique semble accrochée à son passé. Tout ce qui la compose souhaite rappeler la ruée vers l'or. Je m'arrête soudainement devant le Centre d'information et d'enregistrement de la Chilkoot Trail. J'en ai vaguement entendu parler. En réalité, il s'agit du fameux sentier du périple de la ruée vers l'or.

Une voix intérieure me souffle qu'il serait bien pour moi que je vive cette randonnée. Pourquoi pas ? De toute façon, je suis déjà las de Skagway.

Ainsi, je m'engage encore dans un difficile défi. Trente dollars US pour y camper, cinq dollars pour une journée. Je me sens prêt à franchir ses cinquante-trois kilomètres en vingt-quatre heures. J'ai fait la West Coast Trail en trente-six heures, celle-ci se promet d'être bien plus facile. Enfin, il me semble.

Trois heures du matin, je me dirige à pied, sans certitude, vers Dyea, le début du sentier. À six heures, j'y suis et je commence le voyage, heureux d'y être.

Le paysage se dévoile différemment à mes yeux, pas à pas. Entre 1897 et 1900, les hommes ont laissé beaucoup de matériels derrière eux : de vieilles bottines en cuir très usées, des contenants de denrées non périssables ouverts à coups de hache, des grandes batées rouillées, des outils, des pelles, etc. Bien entendu, aujourd'hui, beaucoup de ces vestiges ont été fauchés pour devenir de petits souvenirs pour les touristes. Là encore, des Européens, des Américains et des Canadiens sillonnent le sentier chaque année, dans le but de se découvrir et de vivre une aventure unique.

D'anciens camps en bois rond sont restés debout. À l'intérieur, je devine le mode de vie des anciens voyageurs. Or, l'industrie touristique les a quelque peu caricaturés. Plus de bon vieux crachoir à moitié rempli, ni de lit douillet en aulnes, ni de chaise berçante en petit bois rond ou d'odeur omniprésente du tabac. Non. On y voit plutôt des affiches explicatives pour tous les restes du passé qui sont classés comme dans un musée.

L'effet de sillonner le même sentier que des milliers d'hommes téméraires me laisse songeur. Un retour dans le temps. Tant d'obstacles, de douleurs, de froid. Je le sais, car je le vis. Différemment par mes petits cinquante-cinq livres et le siècle, mais similaire par la motivation de franchir ce sentier, les conditions du terrain, le souci d'autrui et l'accomplissement d'un rêve vers la richesse.

Une chute d'eau coule sur le flanc d'un rocher. C'est une des plus belles qu'il m'a été donné de voir. Je prends une photo. Tranquillement, la paix de l'Alaska s'infiltre en moi.

Le Golden Stair ou Chilkoot Pass paraît bien moins impressionnant que dans les films et les images que l'on présente. Le paysage est baigné d'une brume opaque. J'effectue la montée aveuglément, sans but précis. Sauf si ce n'est que de suivre les tiges indicatrices. Tous les randonneurs ont la motivation d'aller toujours plus haut, toujours plus loin. Or, maintenant, riches ou pauvres, nous sommes contraints à l'escalade de ces milliers de gros blocs rocheux, à pied, avec nos sacs à dos. Ce qui se résume en un défi de taille pour ceux qui sont moins en forme.

Je monte un pas à la fois. Deux chalets se dévoilent graduellement à moi au passage du col. L'un est réservé aux gardes du parc, l'autre en cas d'accident.

Je continue ma route. Je suis nerveux, car j'ai peur de manquer de temps. J'ai les jambes en compote, mais une volonté en fer forgé.

De retour au Canada, le paysage est celui d'un rêve. Un de ceux que je ne pourrai jamais oublier. Mes premiers paysages du Nord! Les petits lacs éternels sont d'un bleu azur. Les collines dépouillées d'arbres sont brunes, quelques fois verdâtres. Une brume clairsemée et fantomatique flotte entre les monts. Des falaises désagrégées se dressent ici et là. Le tableau idyllique est similaire à ce qui se voit en Écosse.

Il est aisé de marcher n'importe où. Heureusement, le sentier se démarque du décor par son érosion. C'est dans ce territoire que j'observe mes premiers blaireaux qui, à mon apparition, prennent aussitôt refuge dans leur terrier.

J'ai toujours ressenti une sécurité, un confort, un grand bien-être vis-à-vis d'une telle solitude, une grande tranquillité, un ciel obscurci, une flore et une faune quasi inexistantes. Rien ne bouge, rien ne sollicite mes sens. Aujourd'hui, de plus, un amour remonte en moi. Pendant un court laps de temps, j'oublie ma nervosité, je m'imprègne du paysage. Une image de ce que j'ai à compléter fait surface. J'efface la sensation, je retrouve ma nervosité et poursuis prestement ma route.

Plus le sentier s'éloigne vers le nord, plus l'altitude baisse. La flore ressent l'ardent désir de croître de plus en plus en abondance, en taille, en hauteur. Le décor reste tout aussi magique.

Le jour semble tomber. À ma déception, le soleil de minuit est chose du passé pour 2001, lui qui est présent surtout en juin. Je m'arrête à Linderman City, qui se situe à proximité de la fin du sentier. Un ancien village devenu aujourd'hui le poste des gardes du parc. Là, je prévois dormir dans l'un des deux camps en bois rond. Mes pieds souffrent le martyre et je leur dois un repos. De toute façon, je désire compléter le sentier sous la lumière du jour.

Coïncidence, les autorités du parc ont planifié un goûter-conférence. Là, café et gâteaux sont offerts. Je saute sur l'occasion. Par mon accent et ma bonne humeur, randonneurs et employés ont un intérêt pour moi et réciproquement. Ainsi, j'ai toujours cru qu'un sourire valait mille mots. Je fais la connaissance d'une femme corpulente au franc sourire.

Elle semble afficher une nature spontanée et éveillée. Âgée d'une quarantaine d'années, elle se nomme Françoise. Née au Nouveau-Brunswick, elle a été enseignante dans le Nord du Québec pour un temps et est retournée par la suite à des études en droit. Résidante de Whitehorse, elle occupe maintenant un poste de conseillère législative pour le gouvernement territorial du Yukon.

Je rencontre aussi deux jeunes femmes dans la vingtaine. Elles sont guides d'interprétation sur le sentier : Leona, une jolie Amérindienne timide, ainsi que Tara, une aimable Québécoise.

Les gâteaux sont engloutis, l'information est reçue, la conférence tire tranquillement à sa fin. Je me sens bien avec tous ces gens. J'aime converser avec ces voyageurs et ceux qui me sont unis par l'origine et la langue.

Il n'est pas permis de séjourner dans l'un des camps, qui ne sont prévus que pour manger ou se protéger. Tara m'indique immédiatement que je vais commettre une infraction. Elle me dit de retourner au camp et d'attendre la garde de parc. Moi et ma grande gueule ! Je ne désire aucunement payer les vingt-cinq dollars manquant au laissez-passer de long séjour, ni une amende salée. La garde arrive. Elle me serre la main et se présente : son nom est Christine. Son sourire me rassure. Son calme m'apaise. Elle m'offre de travailler comme bénévole dans le camp. Moi qui rêve de devenir garde de parc ! Une passion qui s'attise à chacun des nouveaux parcs visités, qui s'informe à chaque employé sondé sur les critères d'emploi. Pourquoi n'ai-je pas songé au bénévolat plus tôt ?

– « *Oui, j'accepte !* »

❄

Durant quatre jours, j'accompagne Christine dans ses déplacements, je participe à des travaux nécessaires, je converse avec de nombreux randonneurs. Des repas succulents sont préparés avec amour par notre bonne cuisinière, Françoise. Elle aussi est volontaire pour une fin de semaine. Des plats réconfortants, chauds et délicieux qui me fournissent une grande énergie.

Un soir, nous discutons autour d'une table rectangulaire. Dans une grande tente en toile, nous sommes faiblement éclairés par deux lampes fluorescentes. Vive l'énergie solaire !

Un poêle à bois est face à moi, derrière mes amies. Un réfrigérateur blanc se dresse à gauche de ce dernier. Le bureau des gardiens est dans le coin droit. Adjacent à celui-ci, on y retrouve un lit de camp. Adossé au mur, on voit un évier, une cuisinière au propane, un comptoir où des panneaux sont fixés au-dessus et au-dessous. Françoise et Christine parlent des randonneurs; leur but réel. Le mot «*accomplishment*» me saute aux oreilles. À travers mon voyage, est-ce que je me suis accompli? Ou bien ai-je coché seulement une case sur ma feuille des expériences réalisées?

Sans le savoir, je vis un moment magique. Malheureusement pour moi, le bonheur est toujours plus loin. Au-delà des montagnes, au-delà des prairies, au-delà de l'océan, au-delà de la plage, au-delà des mers de glace, au-delà de l'horizon, au-delà de ma vie.

Deux jours après mon arrivée, Françoise prend le train pour retourner à ses obligations. Après une chaleureuse et forte étreinte, elle me confie son adresse que je range avec précaution. Je sais qu'on va se revoir, car je m'étais senti apprécié d'elle.

❄

Ici, à l'extrémité du sentier, tous les randonneurs doivent prendre le train pour rejoindre Skagway. Ce chemin de fer, dont la création a été complétée en 1900, a été construit à l'intention des prospecteurs de la ruée vers l'or.

Sur une butte, je m'imagine en 1897, vêtu d'une chemise à carreaux, d'un pantalon rapiécé, arborant une longue barbe sur un visage bronzé. Face à moi, j'aperçois une demeure en bois rond. Plus loin, quelques longs pieux, vestiges portuaires, sont encore debout sur la berge du Bennett Lake. À droite du lac turquoise, une grande gare est édifiée. Il n'y a plus de scieries, plus de motels, plus de saloons, plus de tentes blanches; il n'y a rien que du sable. Une ancienne petite église en bois rond est dressée à ma droite. Elle a été rebâtie à la suite d'un incendie de forêt. Aujourd'hui, elle est l'un des attraits touristiques des randonneurs et passagers du train. Je me sens privilégié lorsque je pénètre à l'intérieur. Elle sert maintenant d'entrepôt. Seuls les employés ont le droit d'y entrer. Je reçois le passé en moi lorsque je monte au clocher par un escalier historique spiralé en bois.

Un sentiment de joie m'envahit lorsque je le partage avec un groupe de touristes émerveillés.

⁕

J'adore cette expérience. Je ne suis pas déçu d'occuper un emploi dont j'ai toujours rêvé. Je me suis lié rapidement à Leona. On s'entend très bien. Elle semble différente des autres jeunes Autochtones. Ses longs cheveux noirs et ses yeux verts font ressortir sa beauté. À chacun de ses sourires, j'associe une réussite à sa nature réservée. Est-ce un pincement de joie ou d'amour? Celle-ci, accompagnée de Christine, me présente à son oncle et sa tante. Âgés dans la soixantaine, ils résident dans une maison en bois rond sur le bord du Bennett Lake. Parce que cette terre est celle de leurs aïeux, ils gardent leur droit d'y résider, bien qu'aujourd'hui ce soit le Lieu historique national du Canada de la Piste-Chilkoot.

J'ai une longue et intéressante conversation avec l'oncle. Il me parle de sa vie, du Yukon, de la chasse à l'orignal. Il me montre d'ailleurs une photographie alors que la neige avait presque recouvert sa demeure. Pourtant, elle a bien trois mètres de haut. À travers cet homme transparaît la simplicité même, le bonheur du moment présent. Là encore, je me trouve privilégié.

⁕

J'ai fait la rencontre de Daniel, un Montréalais d'environ soixante ans. Seul, il s'est lancé dans un grand périple avec sa minifourgonnette. Il a traversé le Canada, pagayé la célèbre rivière Yukon avec un copain sur sept cents kilomètres, pendant quatorze jours. Maintenant, il a fait la Chilkoot Trail, «*pour un dépassement personnel*», m'a-t-il soufflé à l'oreille.

Parce qu'il me connaît un peu, Christine l'invite à dormir dans la tente des gardes du parc. Elle lui offre douche et nourriture. Celui-ci en est ravi. À son départ, on se donne rendez-vous à Skagway. Nos horaires concordent pour Whitehorse où il propose de me déposer.

✻

Christine doit photographier quelques pierres tombales pour vérifier l'évolution de leur dégradation. Une observation échelonnée sur plusieurs années. Les sites funéraires créent toujours un mysticisme en moi. Celui-ci plus particulièrement parce que je peux visualiser les épreuves, partager les sentiments et les émotions de ceux qui y gisent. Le regard plongé sur le site, je songe. Soudain, mon amie me dit de venir. Quelle n'est pas ma surprise d'apercevoir une pierre tombale d'un homme né à Richmond, Québec! Je me souviendrai toujours de certains cimetières...

✻

**22 AOÛT 2001 –** Je prends le train avec mes nouveaux compagnons. Jamais je ne m'habituerai à ce sentiment de mélancolie. Je discute avec Leona dans le même banc. Parfois, j'ai le regard posé sur le paysage, d'autres fois dans ses yeux angéliques. On se dit qu'on se reverra. Nos retrouvailles n'auront jamais lieu. Une décision de Leona...

Je dis au revoir à Christine et la remercie de sa si précieuse bonté. Alors que le train nous dépose tous les trois à mi-chemin, sur le Klondike Highway je lève le pouce vers Skagway pour retrouver Daniel. Du véhicule qui les entraîne vers Whitehorse, mes copines me prennent en photo. Moi, je les prends dans mon cœur.

✻

Tout d'un coup je suis de retour au Québec. Quatre mois avant la concrétisation de mon objectif de vie. Mes amis, ma famille sont heureux de mon retour. J'ai une petite amie très jolie, que je connais depuis très longtemps. Je suis désemparé, en colère et envahi par une profonde déception. J'ai raté mon premier voyage, ma mission a échoué. J'ai abandonné!

– «*Je veux retourner dans ma tente, dans l'Ouest*», criai-je.

– «*Nonnnn!...*»

Je me réveille en sursaut, dans ma tente, à Skagway. Un frisson me traverse le corps. Une boule reste bloquée dans ma cage thoracique.

– «*Billy, ce n'est qu'un rêve. Tu achèveras ton voyage comme il se doit*», me dis-je.

# Une belle fleur
## au milieu d'une terre aride

*« On ne badine pas avec l'amour. »*
Alfred de Musset

**23 AOÛT 2001 –** C'est en compagnie de Daniel que je pose les pieds au Yukon. *The Land of Magic and Mystery*, annonce une affiche. Plus tard, je comprendrai la signification de ces mots.

Je suis à Whitehorse par curiosité, mais surtout pour revoir Françoise. Je ressens peu d'intérêt pour cette agglomération moderne. Mis à part la forte mise en valeur touristique de la période historique qu'a été la ruée vers l'or, c'est une ville bien typique du Canada. Toutefois, je me fais une remarque : ici, les gens semblent plus calmes que dans le Sud. Quelques vieux bâtiments en bois rond et le S.S. Klondike, un bateau à vapeur utilisé pour le transport de marchandises et de passagers jusqu'à Dawson City, sont les attraits que j'ai identifiés.

Françoise est une mère pour moi. Elle me loge et me nourrit, comme un fils. Je m'ouvre, mais pas à l'extrême. Me comprendrait-elle ? Elle est la mère d'une belle grande fille de onze ans. Elle a aussi un conjoint qui réside toujours au Nouveau-Brunswick. J'admire un amour si indépendant, mais si difficile à vivre.

Je repars le 26 août 2001 avec mon ami Daniel. Je sais que je reverrai Françoise lors de mon retour de l'Alaska.

Avant mon départ, elle m'ouvre à demi une porte. Une grande porte d'ivoire, parmi des dizaines d'autres qui se trouvent dans ma grande salle d'un marbre blanc, et illuminée d'un lustre de cristal : utopie des choix de ma vie. Vers la fin septembre, une de ses amies doit rejoindre son amoureux à Montréal. J'avais brièvement fait la connaissance de cette belle fille âgée de vingt-huit ans qui m'a démontré une précieuse ouverture d'esprit. J'ai ainsi une occasion à portée de la main : un retour à Saskatoon ? Cependant, je n'ignore pas mon allié, à moins que ce ne soit mon ennemi : l'imprévu.

À bord de l'automobile de Daniel, je jubile. Mes sentiments sont impossibles à exprimer. Je veux m'asseoir et juste observer ces paysages féeriques. Oups ! Non. Je veux plutôt courir entre les montagnes, vivre ma grande solitude. La nature semble m'agripper par le ventre. Un intense désir d'aventure. Je ne prends pas le temps de me questionner sur mes choix et de sentir mon état physique.

Le Parc national et réserve de parc national du Canada Kluane reflète une belle pureté. Daniel et moi y séjournons une soirée et une nuit dans un chalet aux abords du Kathleen Lake. Durant la soirée, une interprète québécoise renseigne (encore) les voyageurs sur les fameux ours. Comme dans tous les autres parcs nationaux, je trouve démesurés et agaçants leurs efforts de prévention face à ceux-ci. Par l'inlassable répétition d'avertissements, les autorités ne font qu'augmenter l'appréhension des touristes vis-à-vis de ces ursidés. Moi qui cuisine à l'intérieur de ma tente, qui dors à un pied de ma nourriture, jamais je n'ai subi d'attaque. Oui, mais moi, je suis l'ami des animaux…

De toute évidence, je suis borné. Il faut que je vive une mauvaise expérience pour comprendre et assimiler mes erreurs. J'ignore le plaisir produit par la sécurité, la prévoyance, la facilité et la patience.

**27 AOÛT 2001 –** Ce matin, je fais mes remerciements à Daniel. C'est un homme qui croit en ses rêves et qui démontre aussi sa bonté. Je continue ma route sur le pouce.

Je suis dans une grande vallée, le pouce levé. En face de moi, il y a un long pont. Dessous, la Slims River y creuse son lit. Elle est la source du Kluane Lake, qui est à ma gauche. Cette vallée déboisée est large d'un demi-kilomètre. La large Slims River serpente au fond, ses affluents s'unissant perpétuellement. Du ciel, ils peuvent dessiner la forme abstraite d'une femme qui danse et ondule sous la musique. C'est là que je désire entreprendre ma grande randonnée de vie, de retour de l'Alaska.

Complètement à ma droite se dresse le centre d'information de Sheep Mountain. En biais du pont, c'est le début de cette haute chaîne de montagnes qui bordent la vallée. Les montagnes commencent à se colorer. Or, ici, contrairement au Québec, c'est le lichen qui change de coloration et non le feuillage. Les rouges, orange, bruns et verts les peignent. Leurs arêtes font ressortir leurs formes.

Après quelque temps d'attente, je fais une courte randonnée avec un scientifique en voyage. Pour la première fois dans ma vie, je baigne mes mains dans une eau rosée. Il s'agit d'un phénomène produit par la forte présence de roches rougeâtres.

Plus tard, à travers la vitre d'une automobile je vois défiler de vastes forêts de pruches et d'épinettes noires, quelques peupliers faux trembles, juchés sur des dénivelés de hauteurs moyennes. Le barbare, l'indompté, l'unique, le rustique se niche surtout dans le Parc national ou bien à des kilomètres des routes et des agglomérations. Des endroits où seuls les fous se rendent. Des lieux où je souhaite poser les pieds.

Une fois la frontière américaine passée, l'Alaska s'ouvre à moi pour la deuxième fois. Maintenant, mon but est une randonnée de cinq jours. Je pense au Denali National Park and Preserve qui est situé entre Fairbanks et Anchorage. Là se dresse la plus haute montagne en Amérique du Nord, le mont McKinley qui culmine à 6 194 m. Une petite expérience préparatoire à mon grand trek en terre du Yukon.

Tout se déroule à merveille sur le pouce, hormis une attente d'au moins cinq heures qui a été récompensée par un homme sympathique, un lit et une délicieuse pizza !

❋

**28 AOÛT 2001** – Dans ma tente, seul, j'envisage une vie stable. Échanger, vivre, partager avec tous ces étrangers m'épuise à la longue. Je me félicite malgré tout de sauter sur toutes ces occasions. Je me perçois comme étant sans-gêne, hardi et courageux. Or, une question s'impose : est-ce que je réalise ces expériences pour moi ou pour les autres ?

✳

**29 AOÛT 2001 –** Et hop! Deux jours, quelques compagnons de route et mille kilomètres plus loin, je suis à Fairbanks, la plus nordique des grandes villes d'Amérique du Nord. Je me sens loin de chez moi. Proche du cercle arctique, jamais je n'ai atteint un si haut parallèle. Contrairement à mes prévisions, tous les environs de la ville sont boisés d'épinettes noires. Leurs ombres sont élevées et sveltes. Il n'y a aucune impressionnante montagne aux alentours, seulement quelques massifs, une rivière sale et polluée.

– «*Que c'est laid ici!*», dis-je avec spontanéité.

Je me souviens de Juneau, de Steve qui m'avait invité à téléphoner à sa fille Jennifer qui réside à Fairbanks. M'ouais…

– «*Salut, je ne te connais pas du tout, mais j'aimerais bien dormir dans un bon lit chaud et partager un bon repas avec toi, voudrais-tu m'héberger?*»

Jamais je n'ai réclamé l'hospitalité des gens. La décision repose toujours entre leurs mains, parce que c'est leur maison, leurs biens, leur havre. Cependant, rien ne me coûte de lui parler et qui sait…

Une demi-heure plus tard, elle arrive à ma rencontre avec son vieux pick-up. Je suis en conversation avec un Autochtone assis sur un banc de parc, à côté du bureau d'information touristique. Lorsque je la vois, je rougis instantanément. Qu'elle est belle!

Il n'y a pas de grands attraits touristiques à Fairbanks. Peut-être le village du père Noël, la base militaire ou l'University of Alaska at Faibanks. Nous optons pour cette dernière. Peu importe, nous nous entendons tous les deux à merveille. J'appelle cela l'étincelle. Celle-ci apparaît rarement dans ma vie. Je peux compter sur une main les fois où je l'ai ressentie. J'ignore pourquoi elle naît en moi, malgré l'anonymat de l'autre. Est-ce un signe du destin? Suis-je en présence d'une personne susceptible de m'éclairer dans mes choix, dans ma vie?

Jennifer me fait découvrir les vastes bâtiments universitaires, la puissante antenne satellite, les salles de cours, la cantine. Cette dernière est composée d'un petit escalier qui mène dans les airs. Au sommet, on y trouve une mezzanine où il y a une table et trois chaises.

Surplombant toute la cantine, je suis le roi qui s'apprête à réciter un laïus devant mon peuple, ma reine à mes côtés. Elle rit de cette situation utopique, que je prends toutefois à cœur en amorçant mon grand discours. À travers ses intenses yeux bleus, je la sens à l'aise. Moi aussi. La main dans ses fins cheveux blonds, une mèche devant ses yeux, elle me confie qu'elle projette de retourner à l'école cette année. Ici, elle désire ardemment lutter contre son handicap : sa timidité.

Jennifer est âgée de vingt-six ans et est une mère passionnée. Elle aime infiniment son jeune fils et désire tout le bien possible pour lui. J'admire tant cet amour, cette persévérance devant les nombreux sacrifices d'une femme seule. Je la trouve une bonne compagne par sa simplicité.

Nous marchons, discutons et contemplons un paysage sur un massif des environs. Je ne désire que quelque chose de simple et aisé. Sur le sommet, que sa camionnette a grimpé non sans peine, nous conversons sur des sujets plutôt personnels. Je suis heureux de tant de confiance. Elle pointe le doigt vers le sud. Je ne vois que des nuages. Or, elle m'informe que par temps clair, il nous serait possible d'apercevoir le mont McKinley. Plus de quatre cents kilomètres nous séparent de lui. Voilà bien la preuve d'un air pur.

Jennifer habite un genre de chalet sans eau courante. L'endroit est intime et propre. La décoration aurait exaspéré un rupin, mais émerveillé un artiste. Mon amie n'est pas la seule à résider dans une telle habitation. Entre les arbres, d'autres maisons sont construites avec les moyens rudimentaires des propriétaires. Elles forment ainsi un quartier démarqué et bohème de Fairbanks. Elle y réside parce que le coût est peu élevé, sans toutefois être gratuit.

Ce soir-là, après un bon repas, nous parlons jusqu'à ce que le sommeil nous assomme. Je sens la gêne me ronger. Elle est couchée dans son lit, moi dans le mien en face. Des papillons voltigent, s'emmêlent, se frappent dans mon ventre. Je la regarde déposer son livre. Elle me sourit timidement. Je la fixe du regard, embarrassé. Que j'ai envie de la prendre dans mes bras et de l'embrasser ! Le même sentiment de crainte face à l'attachement, aux commentaires moraux, au futur, au manque de confiance en moi m'arrache à mon désir d'aimer et de chérir. Les papillons brûlés, le corps douloureux, je dépose ma tête sur l'oreiller, mon sourire perdu, mes yeux fermés. Un être qui ne veut qu'oublier.

Un autre jour se lève. Le vrai réveil arrive lorsque nous nous lançons les oreillers sur nos têtes. Du coup, la joie retrouve sa place.

Elle m'invite pour une autre nuitée. Je lui confie mon projet de marcher dans l'arrière-pays du Denali National Park and Preserve et du peu de temps qu'il reste avant les premières neiges. Cependant, je laisse entendre que je reviendrai peut-être.

Dans l'avant-midi, Jennifer me dépose sur l'autoroute. Un peu trop loin pour son camion en mauvais état. On s'étreint très fort. Ça me fait du bien de la serrer dans mes bras. De sentir une femme contre moi qui m'apprécie. Que cela doit être beau, l'amour...

Des yeux, je suis le vieux pick-up qui roule et disparaît sur la route.

– «*Non, reviens! J'ai changé d'avis!*», criai-je dans les airs.

De nouveau, un sentiment d'amertume m'envahit, sentiment que je déteste tant! Finalement, Jennifer a embelli Fairbanks par les visites, par les gens rencontrés au marché en plein air et par sa présence.

# Un trek dans le Denali National Park

« *La jeunesse est un temps pendant lequel
les convictions sont, et doivent être,
mal comprises: ou aveuglément combattues,
ou aveuglément obéies.* »
Paul Valéry

**Le centre d'information** du Denali National Park and Preserve fourmille de curistes et de randonneurs. Sur l'immense carte topographique, je cherche un repaire où je pourrais me soustraire à la réalité. Dans le tréfonds de mon être, je ne désire que la solitude. Je ne désire ni humain, ni piste, ni trace de qui que ce soit. Je rêve d'un terrain sans arbre, accessible de toutes les directions; un environnement qui ne se trouve qu'en haute altitude.

De plus, je veux être loin des gardes de parc parce que je n'aurai aucun permis de séjour, ni contenant antiours pour y mettre ma nourriture. Pourquoi ne pas me les procurer? Je ne veux tout simplement pas revenir au centre d'information pour leur remettre le contenant inutile et leur souligner mon émergence à la surface. De toute façon, je ne sais même pas où j'irai.

Je refuse un autobus qui dépose les randonneurs sur un territoire de rêve. Là, on aperçoit les plus époustouflants, les plus magiques paysages du parc, ceux à proximité de la chaîne de montagnes où se situe le mont McKinley. Tête dure, je ne désire aucunement suivre les sentiers balisés. J'économise mon argent. Je visualise un endroit où la seule flore perturbée sera celle sous mes pas: La Grande Solitude, quoi!

Sur l'autoroute qui longe le parc vers le sud, je scrute les montagnes du véhicule d'une vieille hippie. Il est difficile d'évaluer le terrain de loin. Sur ma carte touristique, j'identifie un endroit propice. En face d'une halte routière, le pic du Moose's Tooth se dresse à 3 150 m d'altitude. C'est une haute cime du Denali National Park and Preserve au pied du mont McKinley. Demain, je l'attaquerai!

Ce soir-là, je converse avec la hippie. Elle aussi est voyageuse dans l'âme. Elle serpente les routes de l'Alaska dans une caravane avec ses deux chats et son chien. Elle m'offre un bon cappuccino et me fait cadeau de vingt dollars US. Je lui en suis infiniment reconnaissant; j'en ai vraiment besoin. Je prévois l'utiliser pour acheter de la nourriture lors de mon trek au Yukon. Je dispose aujourd'hui de moins de trois cents dollars canadiens. Cet argent est compté pour mon prochain retour à Saskatoon.

**31 AOÛT 2001** – Dans la matinée, seul, j'observe l'imposant mont McKinley. C'est un véritable joyau. À la halte routière, je profite de cette vue époustouflante. Tout est si tranquille. Cet immense mur de roche et de glace semble se situer à des kilomètres devant moi. Je ressens sa grandeur, bien que je l'aie déjà imaginé plus impressionnant. Les nuages omniprésents m'accordent un répit. Cinq minutes plus tard, ils recouvrent tout le décor. Ce soir-là, ce sera le seul et unique spectacle de cette montagne sacrée des aborigènes. J'en garderai le souvenir toute ma vie.

Pour faire du trek sur les flancs du Moose's Tooth, je dois traverser une rivière glaciale ainsi qu'une forêt qui paraît, d'où je suis, impénétrable. J'essaie à de multiples reprises la traversée du cours d'eau. Je le longe du nord au sud dans le but d'y déceler un gué. En vain. L'eau me glace dangereusement les pieds. Le lit de la rivière est trop creux et le courant, trop puissant. Je cherche de longs arbres ou d'autres aides. Je n'en trouve aucun. Le fait d'abandonner me donne une étrange sensation. Or, le désir de l'exploration et de l'aventure me ronge toujours.

Je me relance en auto-stop vers le nord, résolu. Un père de famille m'invite à monter à bord de son camion muni d'une caravane. Il réside à Barrow et est le père de deux jeunes garçons qui, me dit-il, sont dans la caravane.

L'homme paraît fort sympathique, mais sans raison apparente, je suis méfiant. Soudain, sans préavis, il emprunte un chemin très secondaire. Je suis nerveux et inquiet. Bousculé sur une route cahoteuse, je dois hausser le ton lorsque je lui demande où il va. Il me répond, les yeux fixés devant lui, qu'il désire faire le plein d'eau potable, qui provient de la rivière que nous venons tout juste de franchir sur un pont. Je suis apaisé, mais ma nervosité refait surface. Et mon trek, moi ? Il retarde !

L'eau dans les bouteilles, il demande aux jeunes d'aller chercher du bois sec.

– « *Quoi ? Rester ici ? Que me veut-il ?* », me demandai-je inquiet.

Je décide de faire taire mes appréhensions et de récolter du bois avec eux. Le père semble ravi que je me joigne à eux.

Je passe un très bon moment. Je déguste une soupe autour d'un feu et fume une « cigarette de l'Alaska » avec le chef de famille. Je me sens accueilli. Il me raconte sa vie et le milieu où il habite. Un endroit hostile, coupé de la civilisation. Les résidants de Barrow bénéficient d'une très courte période d'ensoleillement pendant l'hiver. C'est l'une des raisons pour lesquelles ils souhaitent voir du pays et jouir de l'été au maximum. Une recharge d'énergie solaire, quoi.

Les jeunes, timides au début, deviennent vite mes petits frères. On lance des roches dans la rivière, riant à chaudes larmes. Qu'il est bon d'être en bonne compagnie. Ils semblent empathiques à ce manque inconscient que je vis : celle de la présence d'un proche. Plus tard, la petite famille m'aide à dénicher le site parfait pour ma randonnée ; près de Broad Pass. Cette fois-ci, sans arbre, ni rivière.

Aléatoire est ma direction. Je vise un sommet et go ! Maintenant, aucun obstacle n'est insurmontable à mes yeux.

Mes jambes souffrent déjà. Les muscles de mon dos se contractent sous le poids de mon sac à dos. Ils deviennent douloureux. La mousse spongieuse sous mes pas me ralentit, les traîtres arbustes lacèrent mon pantalon. De leurs doigts, ils essaient inlassablement de me l'arracher. Non, je n'abandonnerai pas !

Pas après pas, je prends de l'altitude. Le sol est maintenant compact, mais très incliné. Les arbres et les arbustes se font de plus en plus rares, voire inexistants. La montée me demande une grande quantité d'énergie. Souvent, je m'aide de mes mains pour faciliter l'ascension. Je suis étonné de la difficulté. Elle prend mon énergie petit à petit.

Je découvre que les bleuets, mélangés à la farine et au sucre, créent une délicieuse source de glucides. Je possède un peu de macaroni, des légumes séchés et de la poudre de bouillon de bœuf. La faim ne m'effraie pas, car je suis proche de la civilisation. Il s'agit de Cantwell, un petit village à un jour de marche. J'ai confiance en ma carte topographique destinée aux curistes passifs. Or, elle reste très peu détaillée.

Les seules formes de vie que j'aperçois sont des empreintes de caribou creusant le sol, quelques chiens de prairie éparpillés et des petits oiseaux.

**1ER SEPTEMBRE 2001 –** Après une journée de marche, je ferme les yeux. Couché sur les herbages verts, j'essaie de dormir, mais j'en suis incapable. Le froid m'en empêche. J'ouvre les yeux. Je n'ose y croire. Je rêve ou je crois l'avoir déjà rêvé. Dans la vallée où je me trouve, un mince ruisseau se glisse, s'incruste dans un sol d'un vert flamboyant. De hautes montagnes se dressent de chaque côté. Les plus rapprochées de moi sont dégarnies de végétation et colorées d'un brun foncé. Les têtes les plus éloignées m'apparaissent comme des cônes blancs. En face de moi, un glacier aux couleurs profondes se glisse langoureusement en altitude. Il semble suspendu. Il n'atteint le sol que sous la forme d'une eau froide et claire. Le plafond au-dessus de ma tête est bleu pur.

Je pense à la Suisse de mes livres où j'avais remarqué des paysages similaires. Une joie s'infiltre en moi. Que c'est beau ! L'émotion remonte, intensifiée par le fait qu'il a fallu déployer tant d'efforts pour arriver ici. Voilà ma récompense. Je referme les yeux, les ouvre à nouveau. Je n'ose croire à la réalité. Non, ce ne sont plus des photographies, plus des films, c'est la vraie vie.

✻

Je suis les traces d'un ancien chercheur d'or. J'identifie un vieux traîneau à moitié enseveli dans le lit du ruisseau. Il devait être utilisé pour le transport des victuailles jusqu'au campement. Plus loin, je passe la nuit en face de ce dernier. Il doit mesurer deux mètres sur quatre. Tout l'intérieur a été démoli par les bêtes. Le sol est jonché de débris de bois et de métaux. Les murs de panneaux gaufrés ont été mangés pour leur colle. Un goût recherché par les caribous. J'ignore à quand remonte la dernière visite du propriétaire. Je l'estime à plus de vingt ans.

J'allume un feu. En face, de hautes cimes enneigées plongent dans le lit de la rivière. Celle-ci s'est creusé un chemin entre deux falaises qui rendent toute pénétration impossible. À droite, une haute dénivellation forme un demi-bol ; voilà l'extrémité de Foggy Pass. Les étoiles parsèment déjà tout le ciel. Je suis bien.

✻

**2 SEPTEMBRE 2001** – C'est la fête de ma mère. Je reste dans ma tente aujourd'hui. Je suis heureux, je le sais. Je décide d'effectuer mon premier vrai jeûne. Pourquoi ? Pour m'éclairer l'esprit, le vivre.

Tout autour n'est que terre et roche. Le ciel est chargé. Il pleut et de très fortes bourrasques frappent les murs de ma tente. Lors d'une accalmie, j'entends l'éternelle harmonie du ruisseau à mes côtés. J'observe l'homme que je suis dans le miroir de ma boussole. Mes yeux pétillent.

Je regarde la pluie tomber à travers la petite fenêtre de ma tente, je m'interroge. Pourquoi si peu de gens ont-ils effectué ce genre de voyage ? Vais-je me perdre ? Que vais-je devenir ? J'ai peur.

✻

Avec la faim et la solitude qui s'emparent de moi, des images du passé se manifestent avec un souvenir mêlé de joie et de honte. Je revois l'enfant qui, un soir, riait naïvement devant le téléviseur, enveloppé d'une douillette, un gâteau devant lui. Celui qui s'était égaré de l'honnêteté, qui avait pris un chemin un peu trop tortueux pour apprendre la vie. À l'âge de 15 ans, j'ai commis des vols par effraction dans des résidences privées avec d'autres jeunes. J'étais un délinquant. Incapable de refuser leur invitation, par peur du rejet, mais aussi par curiosité et défi, j'avais accepté. La police nous interrogeait deux semaines plus tard, pour ensuite nous incriminer. J'amorçais ma vie, avec un dossier criminel et une réputation de vaurien lancée par certains. Cette réputation m'a fait mal, elle cachait ma vraie nature et l'éducation merveilleuse de mes parents à mon égard.

Une expérience sombre que, Dieu merci, j'ai pu assumer avec l'aide et la compréhension chaleureuse de ma famille par laquelle je ne me suis jamais senti rejeté. Moi qui recherchais un sentiment nouveau, fort, qui voulais ignorer toute barrière sociale. J'aurais pu sombrer, mais, merci papa, merci maman de ne pas m'avoir abandonné dans mes tourments. Grâce à vous, je suis revenu du fond des abîmes, j'ai nagé vers la surface.

J'ai toujours désiré le succès, gratté le fond de toute chose. En y repensant aujourd'hui, avec une certaine honte, je découvre que cette expérience aura réussi malgré tout à me marquer du sceau du pardon et de l'optimisme. J'ai accepté de vivre à travers, de refuser la fuite. Jour après jour, mes yeux se sont retirés du plancher, ma tête s'est redressée, mon corps a retrouvé sa fière posture. Je suis fier d'avoir assumé mes actes, car j'en retire encore aujourd'hui une force : celle de discerner chaque obstacle de la vie comme bénéfique et, d'un bond, y faire face avec le sourire, quelques gouttes de sueur perlant sur mon front.

J'écris tout dans mon journal, même si la tentation de pudeur et de discrétion se fait parfois grande de ne plus jamais revenir sur ces sombres instants. Ma tente est ma maison ; enveloppé de ma douillette, je m'y sens en sécurité, à l'abri de la nuit.

– « *Pardonne-moi maman de ne pas pouvoir te téléphoner. Je t'aime.* »

❋

**3 SEPTEMBRE 2001** – J'avale un gros déjeuner. Je suis heureux d'avoir terminé mon jeûne. J'apprécie cette nourriture comme jamais dans ma vie.

Sur le flanc d'une montagne, à cinquante mètres, j'aperçois un orignal. En Alaska et au Yukon, les orignaux sont les plus impressionnants du monde. Les bêtes qui dépassent les 2 000 kilos ne sont pas rares ici. Au Québec, elles atteignent rarement plus de 1 700 kilos.

L'orignal que j'observe est couché et il surveille la vallée pour ne pas se faire surprendre par des prédateurs. Son panache est énorme, tellement que je pourrais m'y étendre. J'imite un bramement plaintif et répété d'un autre mâle dans l'espoir qu'il me dévisage. La saison du rut est récemment commencée. Il me faut toutefois être vigilant, car en cette période, il peut foncer aveuglément sur quiconque se trouverait malencontreusement sur son territoire.

Il se hisse sur ses pattes. Le museau relevé, il hume l'air. Il se retourne et prend immédiatement le large en m'identifiant. Je vois que mon appel n'a pas été le bon ; peut-être aurais-je mieux attiré un mouton ou un chien ? La végétation est basse dans la vallée où l'élan se dirige. J'ai ainsi la possibilité de l'observer sur presque un kilomètre. Un autre rêve vient de se concrétiser.

C'est grâce à ces magnifiques cervidés que je découvre une voie d'accès me permettant d'atteindre aisément Cantwell. Leurs réseaux de sentiers parcourent les abords d'une rivière, celle qui pénètre dans le village. Par ailleurs, ces larges allées de déplacement sont souvent utilisées par d'autres mammifères, tels le loup et le renard. Par une chance inouïe, l'altitude ayant diminué, une abondante forêt a pris la relève tout autour de moi.

Ce soir-là, le dernier dans le Denali National Park and Preserve, je cuisine un succulent pain. Eau, beurre, farine, sucre et levure. De hautes falaises se défilent au loin. Une couleur rosée et mauve du crépuscule reflète sur elles.

✻

**4 SEPTEMBRE 2001 –** Je reviens à la civilisation. J'appelle ma mère. Je lui décris les paysages féeriques et l'expérience que j'ai vécue. C'est, pour moi, un cadeau que je lui offre. Pour me faire pardonner.

Pourtant, la question : «*Que suis-je en train de puiser au fond de moi-même ?*» me revient sans cesse en tête ! La réponse se fait attendre.

# Anchorage,
# un point sur une carte

> «Ainsi, ce n'est pas celui qui plante qui est quelque chose,
> ni celui qui arrose, mais Dieu qui fait croître.
> Celui qui plante et celui qui arrose ne font qu'un,
> et chacun recevra sa propre récompense
> selon son propre labeur.»
> Corinthiens, 3.7,8

**DE RETOUR SUR LA ROUTE,** une Autochtone me fait monter dans sa voiture. Elle fait preuve d'une grande méfiance envers moi. Son nom est Mikse. Deux heures plus tard, dans une conversation animée, on est copain.

Cette femme de vingt-neuf ans adore son Alaska. Elle en parle tout le temps. Elle se passionne également pour la chasse à l'orignal, d'où elle revient d'un infructueux séjour. Elle m'aime bien et décide d'effectuer un détour d'une heure pour moi, vers Anchorage. Je suis choyé, car je me sens épuisé par ma randonnée.

À Anchorage, elle m'accueille dans son campeur pour la nuit. On parle et on s'amuse comme de vieux amis. Elle me demande de colorer en mauve quelques mèches de ses cheveux noirs; un projet qu'elle n'avait jamais eu le courage de réaliser. En me frottant vigoureusement les mains, je me fais un vilain plaisir à concrétiser ce projet!

L'envie lui prend de téléphoner à une «amie» et de lui partager son expérience. Immédiatement, cette dernière lui jette au visage sa colère. Sur un ton véhément, elle la juge insouciante et irraisonnée d'avoir accueilli un *hitch-hiker* (un auto-stoppeur). Elle lui lance qu'elle est une mère irresponsable, qu'elle doit donner l'exemple à ses deux fils.

Lorsque Mikse me partage sa discussion, je vois une solitude et une tristesse voiler son regard. Son attitude bohème et curieuse l'accapare souvent, la fait douter d'elle-même. En la dévisageant, je la remercie du fond du cœur pour sa présence. Nous sommes heureux et avons du bon temps. Alors, pourquoi s'en priver à cause des autres ? Certains sont jaloux, d'autres ont peur d'eux-mêmes et toi, qui es-tu et que veux-tu ?

❋

Le lendemain, à l'intérieur de son camion, elle me fait découvrir une route panoramique au sud d'Anchorage: le Seward Highway. Cette route a été jugée la plus belle des États-Unis en 2000. Ce profil linéaire chatouille de profondes baies, ouvre le rideau sur des îles boisées aux nombreux glaciers suspendus. Une route empreinte de l'Alaska véritable.

De retour en ville, une fois encore, je vis une séparation. Mikse me souffle qu'elle ne m'oubliera jamais. Une boule me monte dans la gorge. Je la remercie. Des souvenirs refont surface, de tous ceux que j'ai appréciés dans mon voyage, avec lesquels j'aimerais toujours garder contact. Il a régulièrement été difficile de tourner la page. J'ai souvent craint l'attachement. Or, bien souvent, j'ai eu l'impression d'avoir changé quelque chose en eux, de leur avoir apporté de la joie.

Mon amie m'invite pour un périple au Nouveau-Mexique. Un papillonnement d'aventure mijote dans mon estomac. Vu que le voyage n'est qu'imprévu, j'accepte d'un «yes». Elle semble ravie, mais incertaine d'elle-même. Je lui demande de m'écrire sur Internet pour ce projet. Elle ne le fera pas et je crois maintenant que c'était mieux ainsi.

Mikse me dépose devant un refuge pour les sans-abri. J'ai grand besoin de repos, de sécurité et d'un ventre repu. Je ne désire qu'une petite place rien qu'à moi. Un lieu où je n'aurai aucune crainte d'être dérangé. C'est simple, non ?

Dès les premiers jours, je rencontre Henry et Brian. Les cheveux blancs d'Henry trahissent son âge avancé et ses durs traits le caractérisent comme Polonais. Dès que je fais sa connaissance, je suis surpris d'apercevoir une joie de vivre à travers ses yeux pétillants et son sourire, les premiers que j'aie remarqués dans un refuge. Ma méfiance initiale face à cet homme se transforme en amitié. Petit à petit, je le comprends.

Henry a consacré toute sa vie à son travail et sa famille. Un jour, sa femme le trompe avec son meilleur ami, demande le divorce et s'empare de tous leurs biens. Déconcerté, abattu, il se remet en question. Pourquoi travailler toute sa vie pour finir par tout perdre?

Sa fille occupe un emploi au sein d'une entreprise d'aviation. Elle a contribué à l'exécution du rêve de son père: voir l'Alaska. Tel un enfant, Henry me raconte ses courts récits d'aventures avec émerveillement et fierté. Il semble respirer et vivre toutes ces nouveautés qui s'offrent à lui. Il est difficile pour moi de comprendre réellement ce changement de vie à cinquante ans. Cependant, j'ose croire qu'il est devenu l'homme qu'il est réellement.

Brian a vingt et un ans. Il démontre une grande bonté et son côté laconique traduit sa discrétion. Sa demeure est située dans l'État du Missouri. Il était arrivé en Alaska pour rencontrer des amis. Comme la vie n'est faite que d'imprévus Brian a dû quitter ces gens. Il a vite découvert combien il n'est pas facile de bien connaître ses amis à travers les lettres, le téléphone ou l'Internet. La présence en personne compte pour beaucoup dans ce cas.

Ils deviennent tous les deux, pour moi, des amis sincères, des hommes de volonté et d'espoir. Je m'appuie sur eux à l'intérieur du refuge; un endroit baigné dans un lourd environnement de pauvreté.

Des Blancs et des Autochtones demeurent au refuge. Plusieurs sont accrochés aux filets de la drogue. J'apprends que les Autochtones de l'Alaska bénéficient d'une énorme allocation mensuelle, souvent extravagante. L'argent tue graduellement les toxicomanes. Les surdoses sont courantes. J'essaie d'identifier quelques éléments positifs dans cette situation de toxicomanie : l'entraide entre les humains, les sourires d'espoir, une aide, le respect, une écoute par des oreilles sensibles et discrètes.

Cependant, l'amour d'un enfant, d'un conjoint, d'une fiancée sort rarement un toxicomane du gouffre. L'argent entraîne souvent l'individu jusqu'au fond de sa souffrance. Dieu est là, oui, mais faut-il seulement y croire? Mon attitude salvatrice est maintenant à bout de souffle. Je me sens impuissant. Combien de fois ai-je essayé d'aider des amis à l'école secondaire (*au lycée*), leur faire prendre conscience? J'ai recherché si souvent une petite amie qui avait des problèmes pour la sauver.

Inconsciemment, je me suis oublié. J'en ai été valorisé seulement. Je comprends à présent que c'est à eux seuls que revient le choix de se libérer. L'aide, il y en a. Sans narcissisme, je décide de penser à moi-même maintenant. Parce que penser à soi, ce n'est pas être égoïste. Cependant, ignorer ces gens dans le besoin, ça m'est très difficile.

※

Le jour, je pars seul à l'exploration d'Anchorage. J'emprunte la piste cyclable qui longe Knik Arm, un bras de mer qui pénètre au milieu des terres. Un retour à ma chère nature, un repos de la ville. Lorsque je me sens affaibli par le temps, la bibliothèque devient mon havre de paix. Là, le silence m'apaise. La découverte, la connaissance sont tout autour de moi. Ici, au moins, personne ne me harcèle de questions.

Tous les soirs, un bon repas est servi à la cinquantaine de sans-abri. Les déjeuners ont lieu au Bean's Café, qui est juste à côté du refuge. Le midi, on offre des sandwichs. Chaque jour, je m'empiffre à la manière d'un homme qui se prépare à jeûner pour des mois. J'apprécie toute cette nourriture et fais en pensée ma randonnée au Yukon.

Henry adore les cartes postales. Au lieu d'utiliser un appareil photo, il immortalise les époustouflants décors de l'Alaska sur des cartons d'envois. Le soir, Brian et moi nous l'aidons à rédiger les textes aux endos. Ceux qu'il enverra aux gens qu'il aime, des êtres chers qui doivent sûrement l'estimer.

Un soir, le visage rayonnant, Henry m'informe qu'il vient tout juste de dénicher un emploi. Un travail dans une épicerie. Je suis content pour lui. Cependant, qu'il soit si heureux de cet emploi, quand le précédent lui attribuait plus d'estime auprès de la société, me laisse perplexe.

※

Une journée avant mon départ, je rencontre un jeune homme de vingt-six ans au refuge. Nous partageons tout de suite quelques affinités. Il m'invite dans un pub. C'est un petit endroit très chaleureux. Il y a des tables un peu partout, mais tout le monde est rassemblé autour du comptoir en forme de « U ». Nous nous assoyons parmi eux. J'aime les petits pubs, car je ne sais jamais ce qui m'y attend à l'intérieur... Bien souvent, ces soirées sont arrosées et plaisantes.

Plus je discute avec lui, plus j'y vois ma réflexion. Il m'offre quelques Guinness. J'acquiesce avec joie à la découverte de cette nouvelle bière. Celle qui deviendra ma préférée. Un Irlandais à mes côtés m'en vante justement les mérites. Celui-ci, grâce à son emploi, bourlingue de par le monde depuis des années. Il me confie son écœurement face aux voyages, son désir de sédentarité.

Un peu plus tard, une fière et vieille femme riche me parle de son défunt mari, de tous les aigrefins qui désirent acquérir sa luxueuse demeure située à Hawaii. Lassé de ses lourds ragots intempérants, je commande une bière. Une corpulente et très sympathique serveuse me la sert alors que je discute avec une femme authentique qui n'a pas peur des mots. Celle-ci cherche l'attention par une cérémonie de gestes énergiques et un ton haussé par moments.

Je regarde une jolie femme du coin de l'œil. Mon copain aussi l'a remarquée. Nous savons bien que dans un environnement constitué à plus de 60 % d'hommes, cette séductrice a amplement le choix de ses proies.

L'alcool au cerveau et la joie au cœur, je me propose un nouveau défi, ainsi qu'à mon copain de chambre. Prendre notre place dans *The Butts Book* (*Le livre des fesses poilues*). Ce livre est rempli de photos d'hommes, pantalons par terre, dévoilant leur postérieur. Un jeu dont le but est de rire et surtout, d'identifier les plus hardis. La récompense : un gilet à l'effigie du bar ou une consommation gratuite. Un autre livre *The Boobs Book* (*Le livre des jolis seins*) contient des photos de femmes relevant leur gilet en exhibant leurs seins nus. Si vous avez l'occasion de voir *The Boobs Book* un jour, vous verrez probablement la photo de deux paires de fesses juxtaposées : celles qui sont blanches appartiennent à un Québécois anonyme (ou presque) et les autres, plus bronzées, à mon ami espagnol.

Plus tard, dans un autre pub moins animé, j'écoute mon copain espagnol. Il me fait comprendre ce que je suis par ce qu'il est. Il répond inconsciemment à une interrogation, celle que je médite depuis quelque temps... Lui aussi a vécu plusieurs fois, ce fort sentiment de plénitude additionné à la joie du voyage. Il me transmet une particule de la sagesse acquise par sa famille et par ses expériences de vie. Nous partageons les mêmes objectifs de vie ou presque, à savoir que nous ne sommes plus seuls. Les larmes nous montent aux yeux. Il est si semblable, jamais je n'avais connu quelqu'un comme lui. Je crois que dans le monde, il y a des gens qui se ressemblent énormément, que la communion et la communication entre ces deux personnes se fait naturellement, à un très haut niveau, qu'aucun effort conscient n'est sollicité, mais plutôt celui d'une grâce divine ; c'est ce que j'appelle une âme sœur.

Je suis content d'avoir eu la chance de le rencontrer. Je présume que ces gens ne sont pas vraiment placés sur ton chemin pour être tes amis. De préférence, ils sont là pour éclairer ta voie, cheminer, te faire sentir que tu n'es désormais plus seul. Dans un sens prosaïque, car je sais au fond de moi que je ne serai jamais seul. J'en avais besoin à ce moment. Nous avons échangé nos adresses de courriel et la vie fera en sorte que je perde la sienne. Lui, d'ailleurs, ne m'écrira jamais.

Le lendemain, je téléphone à Jennifer. Je suis très nerveux. Spontanément, elle me demande quand je retournerai à Fairbanks. Je suis agréablement surpris, mais je dois lui dire... je lui avoue que j'ai eu un wonderful time avec elle, mais que je désire poursuivre ma route vers le Yukon. Elle comprend mon ambition. J'éprouve un soulagement, mais... ai-je bien fait ? ? ?

❄

**10 SEPTEMBRE 2001 –** Je suis prêt, je pars ! Cela fait plusieurs jours que je retarde mon départ. Henry m'offre un peu d'argent. J'hésite. Son expression irritée face à mon doute me fait acquiescer, finalement. Bryan m'offre un sincère et chaleureux « *Good luck* ».

Je suis prêt pour vivre le véritable, l'unique, mon dernier grand défi intérieur. Depuis si longtemps que j'y songe et là, j'y vais !

Les 10 et 11 septembre, je franchis mille kilomètres, pour atterrir au village de Haines Junction.

# Une marche intérieure dans la nature sauvage

*«Au-delà de la faim, de la solitude, de la souffrance,*
*l'esprit d'un humain s'ouvre*
*et lui donne sagesse et foi.»*
Billy Rioux

**DE RETOUR AU YUKON,** pendant deux semaines, avec peu de victuailles, je marche dans la nature sauvage. Il n'y a aucune forme de pollution, aucun bruit, aucune trace humaine. Je suis seul avec moi-même.

✳

**11 SEPTEMBRE 2001 –** Un événement catastrophique a lieu. Deux avions se sont effondrés sur les tours jumelles de New York, un autre sur le Pentagone. Il y a des milliers de morts. Toute l'Amérique du Nord est alarmée. Pourquoi des humains ont-ils planifié cette abomination? Mes yeux sont rivés sur l'écran de télévision d'un restaurant à Haines Junction. Comment cela se peut-il? Je redoute une guerre mondiale. Cet événement secoue toute la terre. Je veux partir pour les aider. Dans la réalité je suis à des milliers de kilomètres de New York, dans un patelin où la vie suit son cours paisiblement. Je reste perplexe.

Dans ma chance, j'ai traversé la frontière canadienne dans la nuit. Je sais maintenant qu'un retour en Alaska, ou la visite de toutes autres destinations américaines, risque d'être très problématique.

Je m'attarde au centre d'information du Parc national et réserve de parc national du Canada Kluane. Un arrêt plutôt inutile vu que je vais être dans «l'illégalité» de toute façon. En fait, je n'aime pas ce mot; «marginal» serait plus approprié. Je ne veux pas débourser cinq dollars la nuitée et faire un dépôt de cent cinquante dollars pour un contenant à nourriture contre les ours.

Je déniche une carte touristique quelque peu détaillée et des renseignements pertinents relatifs au terrain. J'examine très attentivement la grande carte topographique en 3 D. Il y a plusieurs touristes autour de moi. La plupart viennent d'Allemagne.

Je converse avec un homme du groupe. Les mots lui manquent pour s'exprimer, mais je peux comprendre qu'il adore la nature. Il ressemble à un autre Allemand que j'avais rencontré à Tofino. Il est habillé d'un chapeau de cow-boy, de vêtements dignes des grands westerns et d'un long couteau à la taille. Ses yeux expriment la joie d'être ici. Il semble envier mon projet de parcourir le territoire par moi-même.

Un de ses amis photographie mon sac à dos débordant qui repose sur le plancher. Je reconnais ma chance. J'ai confiance en moi. Mon expérience au Denali National Park and Preserve m'habite toujours.

Je lève le pouce en direction du Parc national et réserve de parc national du Canada Kluane. J'atteins plus tard la Slims River, l'endroit où je m'étais arrêté le 27 août en direction de l'Alaska.

Toutes les cimes environnantes sont désormais recouvertes de leur manteau blanc. Quant à la base, elle dispose toujours de ses couleurs, cependant plus ternes. Les gens m'ont informé que la première accumulation de neige importante devrait avoir lieu dans trois ou quatre semaines, ce qui me laisse amplement le temps. Oui, mais… qu'en est-il en altitude ? Une inquiétude naît. Si je me retrouve dans une tempête et qu'il tombe plus de 60 cm de neige ? Cette inquiétude s'ajoute à ma préoccupation par rapport à ma nourriture. Vais-je avoir une quantité suffisante de vivres pour deux semaines ? Et les ours, eux ?

– « O.K., Billy, *on se calme! Tout ira bien.* »

Le soleil est à son zénith, je longe la Slims River. Le sol est vaseux par endroits, mais ferme en général. Comme je l'ai fait en Alaska, je semble vivre avec les animaux. J'aperçois de nombreuses empreintes, des excréments; un territoire libre et hostile pour tous.

Le soir, le regard plongé dans les flammes de mon feu de camp, je jubile. Mais j'ai très froid. C'est parti, mon gars !

✳

**12 SEPTEMBRE 2001** – Dans la matinée le ciel est d'un beau bleuté, comme s'il me souhaitait la bienvenue. Or, le vent des montagnes est glacé. Mes pieds le sont aussi. Cependant, mon cœur est au chaud.

Je fais la découverte de l'ancienne habitation d'un chercheur d'or. Les murs en bois rond et la fenêtre à l'est tiennent toujours debout. Le toit, qui devait être très peu incliné et recouvert de terre, s'est maintenant effondré. Je vois seulement quelques vieilles boîtes métalliques de tabac, un vieux couteau et un vieux lit en bois rond. Qu'est-ce que cet homme a vécu? J'aimerais le savoir.

✳

**13 SEPTEMBRE 2001** – J'ai parcouru dix-neuf kilomètres jusqu'à présent. Une montagne, nommée Observatory Mountain, laisse présager une vue époustouflante du sommet. Le bout de la langue du glacier Kaskawulsh se trouve devant moi. Je sais qu'un sentier mène à la cime, mais malheureusement, je ne le découvre pas. Quoi qu'il en soit, je veux y aller, donc j'y vais!

– «*Wow! Que c'est beau...*»

L'ascension de ses 2 400 mètres m'a demandé beaucoup d'énergie. Le départ s'est fait sur une surface sèche, mais inclinée. Pour le reste de la grimpe, je préfère me garder de tout commentaire; ils ne seraient que plaintifs. J'ai eu l'orgueil de m'y rendre, je me dois d'en revenir.

Ce que je vis au sommet est unique. La vue qui s'offre à moi est l'une des plus grandioses de ma carrière d'alpiniste amateur. En face de moi, plus bas, la langue glaciaire du glacier Kaskawulsh meurt dans son eau de fonte. De façon aléatoire, de petits lacs se sont creusés à même le sol brunâtre. Cela me fait l'effet d'une lune et de ses cratères. Seules deux vallées brunes, orangées, grises et dépouillées se rejoignent à la bouche glaciaire. Toutes deux forment un genre de «V», où l'intérieur héberge plusieurs montagnes. Au nord, à ma gauche, se trouve la vallée que j'ai parcourue. À l'est, en face, le temps en a modelé une similaire qui disparaît dans l'espace.

Ces vallées accueillent chacune une rivière bleutée dans son lit : la Slims River et la Kaskawulsh River. Ces dernières sont bordées par de hauts monts dont la couleur blanche semble s'évanouir à la même altitude. C'est comme une ligne imaginaire qui délimite le brun du blanc. À ma droite, au sud, il y a un mur droit et cruel, le mont Maxwell. Plus loin, je n'aperçois qu'une série infinie de petites bosses blanches.

Derrière moi, je vois le glacier Kaskawulsh, façonné telle une autoroute avec ses larges voies de circulation et ses accotements. Son extrémité est imprégnée d'un épais voile de brouillard. De chaque côté de la langue, j'observe de hauts murs obliques qui la protègent. Moi, je me trouve au commencement du mur de droite ; le premier pignon.

J'avais prévu bivouaquer au sommet pour la nuit. Voilà pourquoi j'ai mon lourd sac à dos. Je remarque que l'épais brouillard semble se diriger vers moi. L'opacité est telle que je ne peux le transpercer du regard. Je n'ai aucune connaissance des manifestations nuageuses. Cependant, il ne faut pas avoir la «tête à Papineau» (vieille expression québécoise qui signifie que l'on n'a pas besoin d'être un génie pour reconnaître la vérité de quelque chose) pour prévoir un blizzard. En montagne ils sont particulièrement dangereux : on ne voit rien, les mots qu'on prononce sont presque imperceptibles, le vent fouette sans accalmie, on est désorienté et gelé. Ça, je ne veux pas le vivre ! Surtout ici.

Comme de fait, le blizzard arrive. Après seulement cinq minutes au sommet, les jambes à mon cou, j'amorce ma descente. J'ignore le mal des montagnes par une acclimatation trop rapide. Je ne vise que la protection de ma tente.

J'atteins la base au crépuscule. Lorsque je regarde les montagnes qui m'entourent, je me sens nauséeux. Preuve que j'ai été trop dur avec moi-même ; j'ai le souffle court, une faible douleur aux poumons comme si j'avais couru vingt kilomètres sans arrêt. Tous les muscles de mon corps implorent le repos par de petits spasmes. Je suis gelé et trempé. Enfermé dans ma tente, je déguste un bon repas chaud. Ça me soulage, sans pour autant combler totalement mon estomac, faute de vivres.

**14 SEPTEMBRE 2001 –** Je me rappellerai toujours ce matin…

Je viens tout juste de quitter mon bivouac. Tête baissée, je saute de roche en roche en sifflotant. Je suis en forme, reposé par un profond sommeil au cours de la nuit. Soudain, en relevant la tête, j'aperçois mon premier vrai ours grizzly. Du coup, le souvenir d'une subite rencontre avec un ours noir me revient à l'esprit…

Dans une randonnée à Juneau, en Alaska, de sourds craquements étaient parvenus à mes oreilles. Lorsque j'avais tourné la tête en direction de la forêt, je l'avais aperçu. Plutôt maigrichon, l'ours avançait vers moi d'un pas balourd. Désinvolte, il m'avait croisé à seulement trois mètres. Je lui avais manifesté ma présence par des gestes rapides et des cris, comme les interprètes me l'avaient si bien enseigné. Il a continué sa route dans le sentier sans se préoccuper de moi. J'étais nerveux, mais sûr qu'il n'allait pas m'attaquer. Trop même. Je lui avais lancé une roche. Du coup, il s'était retourné et m'avait dévisagé. À ce moment, la peur m'avait envahi d'un bond. Il semblait irrité, mais il était reparti vers la raison de son déplacement. Son regard m'avait quand bien même averti : «*Lances-en une autre, mon vieux, et je te la ferai avaler !*»

Dans le Parc national et réserve de parc national du Canada Kluane, le grizzly n'est pas énorme ; plutôt gros. Comme avec l'ours noir, je fais des gestes et lui parle pour m'identifier. Du coup, il me dévisage de ses petits yeux bruns. Il redresse son museau au ciel et hume l'air ambiant par ses deux grosses narines noires. Il a toujours un œil sur moi. Il semble identifier ma présence ou celle d'une nourriture aux alentours, plus alléchante qu'un homme qui pue. Peut-être est-ce celle que j'ai cuisinée quinze minutes plus tôt ?

Je me déplace tranquillement vers le centre du large ruisseau. Lui remonte, pas à pas, sans se hâter, sur la berge du cours d'eau. Il ne cesse de me dévisager de son œil douteux. Je prends une photo et ne bouge plus. Il me frôle à trois mètres. Bizarrement, je n'ai pas peur. O.K., je suis nerveux, mais pas plus. C'est particulier, car à travers son regard qui me fixe, je comprends qu'il ne s'intéresse pas à moi. Par contre, je dois le laisser tranquille. L'odeur de la nourriture est sa première préoccupation. Lourdaud, il poursuit sa route entre les montagnes.

Plus tard, je m'interroge :

– « *Et si tu t'étais levé plus tard, ce matin-là ?* »

Pas à pas dans la nature sauvage…

**15 ET 16 SEPTEMBRE 2001** – Je suis toujours dans le Parc national et réserve de parc national du Canada Kluane. Dans une combe très étroite, je prends de gros risques. Je sais que je n'ai pas droit à l'erreur.

J'écrirai plus tard dans mon journal de bord : {…} *Si je me pète en quatre ici, personne ne viendra me chercher. Je sais que rien ne va m'arriver, mais ça reste que je ressens de la nervosité.* {…}

Je marche sur un glacier malade. Il n'y a pas de crevasse et il est plus aisé de me déplacer sur celui-ci que sur le versant des montagnes. Cependant, j'ai dû grimper une falaise qui se jetait dans une profonde et glaciale rivière. Je garde mon flegme.

J'ai pris un bain dans une rivière. L'eau était si glaciale que je ne pense plus me laver jusqu'à mon retour à la civilisation.

J'entends les pas des chèvres de montagne dans un très haut versant gazonné. Un son sourd et étouffé. Il y a aussi des roches qui roulent et roulent jusqu'à ce qu'elles s'immobilisent dans le creux de la combe.

Je dois maintenant traverser une forêt d'arbustes qui présente des difficultés. Moi qui pensais qu'il n'y aurait aucune forme de végétation dans les vallées, que je pourrais me déplacer avec facilité… Pas toujours le cas !

**17 SEPTEMBRE 2001** – J'ai trouvé de l'or ! Oui, cela ressemble bel et bien à de l'or. Je suis content, car je viens encore de réaliser un tendre rêve. Une petite pépite collée sur une roche. Et même plusieurs. J'irai la faire analyser lorsque je reviendrai en ville.

Dans mon journal j'écris : {...} *Aujourd'hui, j'ai mal au ventre. Je ne sais pas, je suis épuisé, je mange peu et ma nourriture est peut-être avariée, l'eau que je bois dans les ruisseaux n'est peut-être pas potable. Les nuages arrivent. Mieux vaut dormir même s'il n'est que dix-huit heures trente.* {...}

❋

**18 ET 19 SEPTEMBRE 2001 –** Déjà une semaine que je suis dans le mystérieux et magique Yukon. Je suis un homme prosaïque, mais ouvert. Or, je ressens du scepticisme par rapport à l'expérience que je vis. Je sais bien que j'ai ressenti de fortes émotions durant les derniers jours ; mais c'était surtout de l'anxiété. J'ai quitté tout sentier balisé pour m'abandonner à mon instinct.

Je me laisse choir sur la rive de la Duke River. Je cherche quelques rayons de soleil pour réchauffer mon visage. Tout à coup, entre deux tours de roche juchées sur une montagne, j'entends un appel à l'aide :

–« *Help me! Help me!* »

Étonné, je fais un survol des montagnes et de la vallée où je me trouve. Personne. Je tends l'oreille encore. Rien. La voix qui demandait secours a semblé venir de la cime en face de moi. Je constate qu'il est pratiquement impossible d'atteindre cet endroit. D'ailleurs, à la fin de septembre, les sentiers sont pratiquement abandonnés. J'attends une quinzaine de minutes et oublie du coup cet incident. Plus tard, j'entendrai une faible musique. Le mystère restera entier.

Je rêve de mon avenir, celui de m'établir : {...} *Je veux juste avoir des copains, une petite amie, un appartement et un emploi. C'est assez, là ! J'en ai assez vécu. Je ne peux en encaisser plus. La merde, c'est correct pour un temps, avoir les mains gelées tout le temps, dormir sur la roche, se lever au froid, se laver une fois par semaine, porter du linge sale tout le temps. Là ! Je veux apprécier la vie en Amérique !* {...}

❋

**20 SEPTEMBRE 2001 –** Un point sur la carte m'intéresse. Pour m'y rendre, il faut que je traverse à pied une vallée, que j'escalade dans sa plus haute extrémité, pour ensuite... je verrai à ce moment.

Parce que ma carte est imprécise, je m'égare. Je me rends compte de mon erreur lorsque j'arrive à la fin de la vallée. Je sais qu'il serait sage de rebrousser chemin, mais j'ai peur. Je viens de franchir une combe où deux murs de roches se dressent de chaque côté, ce qui me rend claustrophobe. Curieusement, je n'avais jamais connu ce sentiment. Le décor est sobre et terne. Les rayons lumineux de la fin de journée n'arrosent pas les tours de roches brunes et désagrégées autour de moi. De plus, j'ai remarqué une empreinte de couguar ou d'un autre gros animal inconnu sur la neige. Un yeti?

Dans une course contre la montre, j'atteins le bas de l'autre versant avant la noirceur. J'ignore complètement où je me trouve. Je suis terriblement angoissé. La panique frôle de nouveau mon esprit. Or, je m'encourage et fais naître l'espoir. C'est en quelque sorte mon coup de pied au derrière. Je suis maintenant décidé à retourner à la civilisation avant la neige. Cette nuit-là est bien froide et je me sens réellement seul. J'associe la solitude extrême à la peur.

✻

**21 SEPTEMBRE 2001 –** Je retrouve ma position. J'ai couvert à pied une énorme boucle et je retourne maintenant dans mes propres pas, anciens de trois jours. Avec un immense soulagement, je me sens euphorique.

Marcher de nouveau dans mes pas ne m'enthousiasme guère. Cependant, je ne me lasse aucunement de ces paysages féeriques.

Assis à l'abri du vent, face au soleil, j'écris : {…} *je suis heureux de cette vie! O.K., je mange une tasse de gruau le matin, un petit peu d'un mélange de farine à blé entier, de cassonade et d'eau le midi, yark! Le soir, une tasse de riz avec de la sauce chinoise ou une tasse de nouilles avec un bouillon de poulet et des légumes en flocons déshydratés. En passant, j'ai toujours faim!*

*Le soir je gèle, le jour je gèle, ma tente est pleine de gelée le matin et me lever dans cet environnement de – 2 à – 8° Celsius, c'est dur. J'ai une ampoule au pied gauche qui me fait mal et mes bottes sont mouillées toute la journée. Sans parler du matin lorsqu'elles sont dures comme du roc.*

*Donc, je dois les installer près de mon brûleur pour qu'elles réchauffent un peu. Ce n'est qu'ensuite qu'il m'est possible d'y mettre les pieds. À part ça, je pue. Après une semaine et quelques jours à porter le même linge. Ah oui! Mes lentilles cornéennes. Je dois les mettre avec mes doigts gelés, tordus et faibles, car il me faut me laver les mains dans l'eau glaciale avant. Ranger ma tente gelée dans son enveloppe demande trois ou quatre arrêts pour me réchauffer les mains qui ne bougent pratiquement plus.*

*Mes genoux et mon dos me font mal, mais ce n'est pas si douloureux que ça. Ce qui fait le plus mal, c'est la solitude. C'est une grande pression sur soi que de garder tout en dedans, de ne partager avec personne. Bon! Bien! Voilà ma vie maintenant et je garde le sourire! {…}*

Pas à pas, j'avance vers quoi donc?

*{…} Quand tu vis dans une maison, au chaud, avec de la nourriture, la télévision, un bain, tu ne penses pas à te mettre dans la merde et quand tu y es, tu ne penses qu'à revenir à l'ancienne vie. {…}*

*{…} Ça fait cinq mois que je vis sur la route, non, six avec janvier. Je vais voir ce que j'ai changé plus tard, plus tard. Pourquoi je fais ça?… J'y pense souvent et ma réponse est: pour le vivre! {…}*

*{…} C'est dur de tout quitter pour l'aventure. C'est la vie que j'ai choisie, pour le moment. Parce que plus tard, je veux des enfants et une femme. Si je veux vivre jusqu'à cent ans, je ne peux pas rester avec un mode de vie semblable. {…}*

*{…} Haaaa! Je suis bien! C'est fou comment un bon feu et des bas secs me font du bien. Voilà bien une vie simple. Au lieu de courir, il faut faire un feu, prendre son temps pour manger. Je crois que je veux une vie simple! {…}*

⁂

**22 SEPTEMBRE 2001 –** Chaque jour, chaque fois que je prends le temps, une mélodie me vient aux oreilles. Comme au début d'un rêve, loin et quasi imperceptible. Plus personne ne m'a crié à l'aide. J'ai oublié mon scepticisme et me berce maintenant, euphorique, au rythme de cette musique. Elle est un cadeau qui m'accompagne. Les mouflons et les chèvres de montagne me surveillent toujours d'un œil, perchés sur des crans inaccessibles. D'énormes orignaux laissent leurs traces. Seuls les plus téméraires se montrent à moi. Je me sens bien dans cet univers de beauté. Il y a un crâne de mouflon par terre. Je vis avec eux. Je suis, je fais corps avec eux. Ni humains, ni animaux, non; un tout.

**23 SEPTEMBRE 2001 –** Ce soir, j'ai tué un porc-épic. J'avais terriblement faim. Mon instinct animal sur les bords m'a fait oublier tout sentiment par rapport à ma proie. Je ne voulais que me nourrir. J'ai fait un bon feu et je suis en train de le manger avec une sauce. Le goût n'est pas agréable, mais je me nourris. Dès que j'aurai fini de le digérer, je ressentirai une nouvelle énergie.

Doucement, ce mode de vie s'est installé en moi. La solitude se fait moins oppressante. Mon corps s'est acclimaté. Cependant, je n'ai pas confiance en ma machine. Je me sens très faible. La méfiance que j'ai est due en grande partie à mon expérience de voyage en canot, au moment où mes forces m'avaient abandonné.

**24 SEPTEMBRE 2001 –** Assis sur l'herbe jaune, je contemple le plus beau décor que je n'ai jamais vu. Telle est l'expression spontanée qui me traverse l'esprit. Une vague d'émotions me traverse le corps. Les larmes aux yeux, je fais le bilan de mon passé. Celui que j'ai partagé avec mon père. J'écris : {…} *je me souviens de toutes ces chasses avec toi Papa. Ici, c'est l'automne. L'odeur, les couleurs me font revivre ces beaux moments {…} on revenait du Maine avec notre quota de perdrix. Il faisait sombre, avant la nuit, je crois le 21 octobre. J'étais heureux. Nous sommes arrivés à la maison. Maman et Kathy nous accueillaient chaleureusement. Il y avait un film à la télévision. Je me suis assis et je l'ai regardé avec le bonheur d'un enfant {…} face à mon étoile, je me souviens de ces moments où j'étais petit gars, car, maintenant je suis un homme. {…}*

**24 SEPTEMBRE 2001 –** C'est ma dernière nuit dans les bois du Yukon. J'ai déniché un ancien campement de bûcherons. Une fois encore, le toit s'est effondré. Depuis le 12 septembre, c'est le premier endroit qui m'offre des traces d'humains. J'aurais aimé fumer du tabac ou déguster un bon café. Malgré sa jeune construction qui date de 1982, mes recherches demeurent vaines. Seuls quelques pots vides sont classés sur une étagère.

J'attise un feu en début d'après-midi. Je déguste une tisane faite de racines et de plantes. Je veux rendre un témoignage aux bûcherons. Je parle de tout et de rien avec eux autour du feu. Comme sur la Chilkoot Trail, je me sens revivre au début du XXᵉ siècle. Nous sommes des explorateurs, parcourant des kilomètres et des kilomètres pour les fourrures ou bien l'or béni.

J'écris alors : {…} *je me sens bien ici, pas d'obligation, ni d'embarras. Juste le maudit vent «frette» qui passe à travers mes deux polars! Tu sais, cela ne me perturberait pas du tout de rester dans ce genre de cabane. Au début, je ne voulais strictement pas, mais plus le temps passe, plus je m'habitue à cette solitude. J'en fais mon alliée {…} le Yukon c'est pur et vrai. Tu veux être ermite? Go! Personne ne te réveillera dans ton sommeil. C'est la vie simple. {…}*

❄

**25 SEPTEMBRE 2001** – Je mets fin à cet extraordinaire périple. Sur le bord de l'autoroute, la mélancolie m'envahit. Cela me fait bizarre de voir des véhicules, de l'asphalte, des gens. Je suis imprégné d'une nouvelle perception. Je suis fier d'avoir accompli ces deux semaines où j'ai parcouru pas moins de cent kilomètres.

# Le bonheur d'un homme

*« Le corps a besoin d'énergie pour fonctionner ;
l'esprit de rêves et d'espoir. »*
Jessica Gaudet

**25 SEPTEMBRE 2001 –** Comme prévu, je retourne chez ma bonne amie Françoise. Malgré mon besoin de repos dans un bon lit douillet quémandé par mon corps, je sors et visite Whitehorse.

Au fond de moi, la reconnaissance que je voue à Françoise et à sa fille est sans fin. Surtout après une telle aventure. Les simples besoins, elle les comble pour la deuxième fois : de la nourriture, un toit et une oreille attentive. À cet instant, j'ai vraiment besoin de m'exprimer dans ma langue, de me sentir écouté et compris.

❄

Comme un cadeau du ciel, je pars vers Saskatoon avec une amie de Françoise, une jeune fille généreuse prénommée Annie. De toute mon année, c'est le meilleur moment pour recevoir cette bénédiction. La simple perspective de faire encore du pouce me lève le cœur. D'ailleurs, Annie ne me demande pas un sou, seulement de la compagnie. Je me sens malgré tout égoïste. Je vis tellement aux dépens des autres, j'aimerais tant leur rendre la monnaie de leur pièce! Il ne me reste qu'un faible fonds d'argent. Tout juste assez pour faire tourner ma roue à Saskatoon pour une semaine. Jusqu'ici, par orgueil, je n'avais demandé aucune aide financière à mes parents.

Inconsciemment, je suis très instable. Je ne sais pas pourquoi, mais j'ai senti que j'avais frôlé et même touché l'abysse en moi. Dire que je désirais aller en Californie avec deux Américains…

En étreignant Françoise, je me rends compte qu'elle est un modèle pour moi. Une femme qui fait confiance à la vie, qui connaît le succès sur divers aspects, qui affiche une solide assurance envers ce qu'elle désire réellement.

❋

**1ER OCTOBRE 2001** – Trois jours après notre départ de Whitehorse, après un voyage très rapide, ma nouvelle amie et moi nous arrivons à Saskatoon.

– «*J'y suis*», me murmurai-je.

J'écris dans mon journal : {…} *là, j'ai des poches en dessous des yeux, un peu de nervosité, mais heureux pour le début d'une belle aventure : celle de me bâtir un petit chez-moi à Saskatoon. Tout va bien aller {…} cela me fait un drôle d'effet de revenir sur mes pas, je n'y suis pas très habitué. J'ai juste hâte de revoir mes anciennes connaissances et de me faire de nouveaux amis. Je suis excité et confiant. J'ai maintenant de l'expérience par mes voyages et surtout Jasper {…} je sais que de belles choses se préparent pour moi et je les accueillerai à bras ouverts. {…}*

Le retour me rend nerveux. À la station-service, je discute avec le pompiste, âgé d'une cinquantaine d'années. Je lui parle de mon histoire, pourquoi je reviens ici. Coïncidence, il a vécu une expérience quelque peu comparable. En voyage à Saskatoon, il a rencontré une femme. Ils se sont immédiatement adorés. Ce qui aurait dû être des vacances de quelques jours est devenu un choix de vie. Ils se sont mariés et se souviennent toujours de leur heureux hasard.

J'avais déjà entendu parler de la même expérience du hasard heureux, et ce, régulièrement durant mon voyage. Ces histoires m'avaient laissé songeur. Je trouve ces gens courageux d'avoir simplement écouté leur cœur amoureux. Et moi ? Quelle serait ma décision si j'avais à le vivre ?

❋

**3 OCTOBRE 2001** – Là, ça va vraiment mal !!! Ça fait trois jours que je cherche un appartement. Juste une petite place où dormir. J'ai trouvé des endroits sur une liste prise à l'université, mais ils veulent quelqu'un à long terme. Moi, c'est pour trois mois. J'aime mieux être franc.

Je commence à douter sérieusement de mon intuition. Je songe à partir pour Edmonton où il y a plus de logements et d'emplois. Je me donne une semaine.

❄

À l'Université de la Saskatchewan à Saskatoon, je revois Erica, une fille que j'avais rencontrée en janvier dernier. Elle est très surprise de me revoir. Par le fait même, je rencontre Brenda. Au fond d'elles-mêmes, elles savaient que je reviendrais. Je suis content de ces retrouvailles, même si je ne les connais pas beaucoup toutes les deux. Malgré tout, je ressens une chaleur et du vrai de leur part. Je veux les revoir. Erica me confie que sa sœur, Carla, se cherche un colocataire. Et hop! Un espoir.

Malheureusement, Carla ne répond pas à mes appels. Donc, je continue à chercher. J'encercle l'adresse d'une chambre à louer. L'homme qui s'occupe des visites m'ouvre la porte de sa chambre qui est similaire à celles qui sont disponibles pour la location. L'endroit me secoue et je m'interroge. Les murs de la petite pièce sont d'une peinture verdâtre et terne. Au fond, à gauche, il y a un lit à une place recouvert à la perfection d'une couverture en laine brune. Au-dessus est accrochée une croix en bois. À droite du lit, on trouve un vieux bureau brun et, face à celui-ci, une petite fenêtre incrustée dans le mur. Ses crayons et ses instruments sont méticuleusement rangés sur le dessus du pupitre. À ma gauche, il y a une vieille commode également brune, en bois. Repose sur celle-ci un cadre en bois où est affichée une photo démodée de ses parents. Du coup, je fais un saut de quarante ans en arrière, comme si je me retrouvais dans une cellule de prisonnier. La chambre de cet homme crée de la peur en moi.

– « *Je ne veux pas vivre comme ça!* », me dis-je, choqué.

De retour à l'université, bouleversé par toutes ces émotions, je me réveille:

– « *As-tu fini de courir? Réfléchis donc un peu!* »

Je prends une profonde et lente inspiration, puis j'expire. Je lâche prise. J'ai soudain l'intuition de téléphoner à nouveau à Carla...

Je compose son numéro sur les touches du téléphone public. Elle me répond ! Et m'invite joyeusement à cohabiter avec elle. *Thanks God !*

Coïncidence, j'avais connu Carla par l'entremise de sa sœur Erica en janvier, ici même, dans sa demeure, à l'occasion d'un souper.

Un peu plus tard, un nouveau colocataire se présente. Il s'agit de Ullaskamar, un beau et jeune indou. On devient de très bons copains très vite.

❀

**7 OCTOBRE 2001 –** J'écris dans mon journal : {…} *je me rends compte tranquillement que je retombe dans un cercle vicieux. Celui où je marche toujours, je cours dans un tunnel et autour de celui-ci il y a des fleurs, des amis, des animaux, des choses merveilleuses. Cependant, je ne prends point le temps de les admirer. De m'arrêter. Nous nous obligeons à voir la fin du tunnel et vite.* {…}

Doucement, jour après jour, je construis mon château : un toit sur ma tête, la recherche d'un emploi, ma carte de bibliothèque, de la nourriture et des amis. Cependant, je me sens très instable et j'ai peur de perdre mon sens rationnel. Par conséquent, je téléphone à mes parents qui m'aident à garder les pieds sur terre. Je marche également dans la nature tous les jours.

❀

**9 OCTOBRE 2001 –** Cette journée-là, j'écris dans mon journal : {…} *je crains… de retomber dans ce mélange de nervosité, d'inconscience. Tous les jours, j'essaie de trouver mon équilibre. Je fais de gros efforts. Je me sens comme une balance. Des fois, je suis trop nerveux, je ne prends pas le temps d'arrêter. Alors, je ferme les yeux, je m'arrête et je prends de bonnes respirations. Je reste au même niveau de bien-être. Je me rends compte que j'ai énormément besoin de solitude et de la nature. Je me force à rester ici. Cela me permet d'avoir des responsabilités, mais surtout une stabilité* {…} *j'ai le besoin de m'évader, de fuir par l'aventure, je le ressens et j'ai le souci qu'il grandira fort en moi.* {…} *la nature, l'aventure, c'est un moyen de m'évader, de respirer la vie. Cela m'oblige à élargir ma vision des choses, à les analyser. Ça élargit la mentalité et ça fait analyser. Les tests auxquels je me livre me permettent de me connaître mieux et voir jusqu'où je peux aller… Ma limite. Je vois les autres et je me sens différent d'eux.*

*Je veux aborder des sujets profonds, des interrogations, mais il n'y a personne à qui parler. Le vieux temps me fait peur, car j'ai trouvé mieux, comme on dit, le bonheur. Pour bien le vivre cependant, ça doit être partagé. {…}*

❋

**12 OCTOBRE 2001 –** J'ai déniché un emploi. Il était temps, car il ne me restait plus que seulement cinquante dollars en poche. Je travaille comme surveillant sauveteur à la piscine du YMCA. Cependant, je ne suis pas sûr si je peux vivre seulement de mon emploi de sauveteur. Je fais entre dix-sept et trente heures de travail par semaine. Je ne suis pas riche et je ne le deviendrai pas avec mon salaire. Mais, j'ai plus que la richesse : j'aime mon travail ! J'aime les jeunes de mon âge que je côtoie à la piscine, j'aime mes colocataires et ma vie à Saskatoon.

Je confie à mon journal : *{…} je suis fier de toi Bill, car ce n'est pas tout le monde qui aurait le courage de venir dans une ville inconnue avec rien, et se trouver un job, un appartement et des amis. Je t'admire !*

M'intégrer à un nouvel environnement et aux autres me demande beaucoup d'efforts et d'énergie. Cependant, je vois bien que j'ai le don de m'adapter facilement. Mon sourire franc, omniprésent, ma confiance en mon succès, ma nature honnête et franche, ma jovialité me soutiennent.

Alors que je suis en train de soulever des poids dans la salle de musculation, une fille vient vers moi d'un pas hâtif. Elle se nomme Nathalie. Elle deviendra par la suite une bonne amie. Le sourire aux lèvres, elle me demande :

– « Es-tu le Billy dont j'ai tellement entendu parler ? »

Je souris et ressens du bonheur ; on m'accepte.

Je sais que je suis différent par mon look, ma façon de penser et de discuter. Les gens au YMCA m'apprécient et s'intéressent à moi. Le bouche à oreille fait bon chemin, car tous les autres sauveteurs entendent de bons commentaires sur moi. Je souris timidement à chaque fois qu'ils me le mentionnent.

Mon petit cœur tambourine à chaque fois que je marche en face du restaurant où travaillait Jessica. Les papillons dans le ventre, je baisse les yeux, gêné. J'avais revu toutes les anciennes copines dont j'avais fait la connaissance au mois de janvier. Même à plusieurs reprises. Sauf Jessica. J'ai songé à elle durant les derniers mois. Rêver comme je l'avais fait souvent à mon adolescence. Or, la peur du rejet me ronge.

**20 OCTOBRE 2001 –** Je surveille la piscine comme à chaque matin. J'ai l'habitude de regarder quelquefois vers les vitres de l'aire de la réception. Cette fois-là, j'aperçois Jessica avec une amie. Je peux voir son sourire. Elle se dirige dans le corridor vers l'entrée de la piscine. La fuite m'est impossible. Je baigne dans le doute et la joie. Je dois affronter mes appréhensions ridicules! J'inspire et expire lentement. Derrière la porte, je la dévisage nerveusement. Elle aussi. Nos sourires trahissent notre joie. Je la trouve toujours aussi ravissante. Comme lors d'anciennes situations embarrassantes, je me rassure mentalement :

– « *Voyons, Bill, ce n'est qu'une fille !* »

Malheureusement, nous ne nous étreignons pas dans un amour brûlant, créant notre monde d'harmonie, non. Pas de doux baiser tel le premier de Roméo et Juliette. Nous ne voyons pas de chaudes larmes roulant sur nos joues. Non, rien. Je suis trop embarrassé.

Plus tard, nous sortons tous les deux dans un café où nous discutons de nos vies, de nous. Jessica est toujours enthousiaste face à mes aventures, moi face à sa personnalité. J'aimerais lui prendre la main, mais je me rends compte à quel point je la connais peu.

Tous les soirs, faute de télévision, Ullaskamar (alias Ullas) et moi discutons autour de la table à dîner. Il me parle passionnément de l'Inde et de sa vie. Moi, de la mienne. On rêve en regardant un atlas du monde ou on concocte des mets indiens. Ullas travaille dans une firme de sites Internet. Il me confie qu'il souhaite acquérir un jour une ferme en Saskatchewan où il posséderait différents animaux. Je discerne combien une télévision peut couper la communication, la connaissance d'autrui et de soi.

❋

**21 OCTOBRE 2001 –** C'est une soirée où je suis très fatigué. J'écris dans mon journal :

*{…} Je ressens trop de pression de la part des gens qui m'entourent, notamment ma famille. Ils sont trop ancrés dans leur vie ordinaire ! Emploi, maison, famille ! Les gens me disent que je devrais aller à l'université… J'en ai marre de LA voie à suivre. Je leur ferai de la peine, mais c'est ma vie et je ne suis pas prêt de m'arrêter merde de merde. Cependant, dans cet état d'esprit, je me sens plus seul et mal compris. {…}*

Je mange deux repas par jour, la plupart du temps. Je vais dans les banques de nourriture où des âmes généreuses donnent du pain et des légumes. À l'occasion, je me dirige vers la popote pour un repas gratuit. Cependant, par fierté, je paye mon épicerie.

Alors que je dîne à la popote, je ressens un écœurement à voir tous ces yeux honteux. Les miens le sont aussi. Il y a des Blancs, mais la majorité sont des Autochtones. Je les dévisage tous. Qui est celui qui changera vos conditions de vie ? Plus tard ma réponse sera : c'est à l'intérieur de chacun de ces hommes et de ces femmes que les vrais changements auront lieu.

❋

À l'Halloween, Jessica vient me voir alors que je termine mon quart de travail à la piscine. Elle m'invite à me déguiser et à sortir dans un bar avec elle. *Cool*, pourquoi pas !

Ce n'est pas du tout le genre de soirée que j'avais envisagée. Je suis habillé en travesti. Disons qu'une femme avec des bras de Popeye et des poils aux jambes, ça crée un méchant contraste. Mon coup au cœur arrive lorsque je surprends une discussion entre Jessica et son amie, où Jessica lui parle avec sentiments d'un autre homme. Déçu et triste, cette révélation me frappe de plein fouet.

J'ai compris que le rêve, l'espoir, a certaines limites…

✳

**9 NOVEMBRE 2001** – Je confie à mon journal : {…} *J'essaie de comprendre ce qui m'est arrivé au Yukon et dans mon voyage. Je lis des livres sur le sujet et j'analyse ce que j'ai vécu. J'écrirai là-dessus plus tard. {…} je crois que le fait d'avoir souffert psychologiquement, tristesse, mal en dedans, boule, solitude est dû au manque de relations interpersonnelles, de partage avec des ou un ami de confiance. {…} Voilà donc l'explication de ma nature sociale et amicale : j'ai besoin de parler {…} ainsi, j'ai découvert que le voyage que je fais est un voyage de vie, car je joue ou vis de mon voyage. Ce n'est pas des vacances de deux mois, c'est le cheminement d'une vie. {…}*

Je ne travaille pas beaucoup d'heures et l'argent tarde à rentrer. Ma situation financière est plus difficile qu'elle ne l'était à Jasper. Je me résous à solliciter mes parents de nouveau pour le loyer. Une anxiété de moins sur les épaules. Mais par orgueil, je les rembourserai. Pour me prouver, me valoriser.

Un bon matin à la piscine, je discute en français avec une femme. Celle-ci m'offre un poste de moniteur francophone dans un camp de jour. Une belle occasion de remplir mon petit cochon. Je m'embarque à pieds joints dans le projet. Coïncidence, il aura lieu à Prince Albert, une petite ville nordique que je désire visiter depuis longtemps.

C'est par l'intermédiaire de ce cadeau de vie que je rencontre Maggie. Pareillement engagée dans le groupe des quatre moniteurs, elle est très jolie. J'adore sa façon d'être elle-même.

J'éprouve une expérience très gratifiante dans cette école primaire. M'amuser avec ces enfants me donne de la joie, leur simplicité d'esprit m'inspire. Durant la journée, je croise Maggie. À chaque fois qu'on se dévisage, elle baisse timidement ses profonds yeux gris bleu… et moi, les miens. Je ne veux plus me faire d'idées. Les jeunes partis, l'expérience gravée en moi, je réalise encore mon amour des enfants et ma facilité d'approche avec eux.

Ce soir-là, encore sémillant de ma journée, j'effectue une visite des environs avec les autres moniteurs. Les champs plats, sans fin, reflètent la simplicité même. Un énorme chêne, seul au milieu de l'immensité, me fait penser aux baobabs d'Afrique.

Une calme rivière accueille plusieurs espèces d'insectes, de reptiles, d'oiseaux et de poissons. Le ciel azur semble à quelques mètres seulement au-dessus de nos têtes. Tout me paraît infini. Un endroit où le détail se révèle.

Je m'amuse bien, mais Maggie occupe toutes mes pensées. On profite de la soirée pour se connaître.

Six jours plus tard, assis sur l'herbe, on s'embrasse tendrement sur le bord de la rivière Saskatchewan.

❊

**24 NOVEMBRE 2001 –** Je suis heureux. Un rêve est devenu réalité. Quel bonheur! Je veux vivre ma relation avec Maggie au jour le jour. Simplement et passionnément.

J'écris: {…} *je me sens comme un homme qui a travaillé toute sa vie avec les jeunes, mais qui n'a consacré que peu de temps à son enfant* {…} *ce qui semble le plus bizarre, c'est que j'ai déjà vu cette fille, soit quelque part ou dans mes rêves.* {…}

Parmi toutes les émotions vécues durant mon voyage, je goûte maintenant le plus beau, le plus fort: l'amour.

❊

**4 DÉCEMBRE 2001 –** Un homme «en devenir», je le sens, je le suis. Je me confie dans mon journal: {…} *ce soir je reste dans ma chambre et je mange des chips et bois du thé. Je suis bien. Tandis que des jeunes tournent en rond pour faire quelque chose un vendredi soir. Je sais maintenant que bouger ne rendra pas ma vie plus excitante. J'écris sur mon matelas, devant une chandelle. Je fixe deux photos de mon voyage en canot dans de petits cadres. Souvenir d'un ancien gars. Je me sens si différent maintenant. Tellement que je dois cacher des choses aux autres. Mes interrogations, des discussions profondes et rester superficiel. Mais ça ne me tente pas de me cacher! Je veux m'exprimer! Je me suis caché depuis des années, maintenant je vis!* {…}

Chaque jour, lorsque je reviens du YMCA, je me sens heureux et choyé. J'ai hâte de la revoir. Lorsque je l'aperçois, mon cœur bat de bonheur.

Jamais je n'avais aimé autant. Les moments où l'on se dévisage et discute sur le sofa sont mes préférés. Or, j'ai peur du futur.

J'ai souvent de la difficulté à m'exprimer avec Maggie. Pour les émotions, mon vocabulaire anglophone est limité. Sa notion du français l'aide fréquemment à me comprendre. J'ai l'habitude d'interroger les gens par des questions qui demandent une réflexion. Bien souvent, je ressens une émotion et désire immédiatement en trouver la cause. Par cela, je blesse Maggie par mes mesures spontanées. Or, l'amour se forge graduellement, telle une tour d'acier, et exige plus qu'un ouragan pour s'écrouler.

Je parle de mon départ prévu en janvier à ma petite amie. Dans mon lit, enlacé, je ne veux pas y réfléchir, mais ne peux le nier. Certaines personnes nous conseillaient de vivre au jour le jour notre relation, d'en profiter au maximum jusqu'à mon départ. Ils ne comprennent pas comment c'est difficile.

**11 DÉCEMBRE 2001 –** Depuis quelque temps, je ne m'entraîne plus. Je me sens fréquemment épuisé, tout le temps fatigué. Depuis le Yukon, je ressens fréquemment une blessure ou bien une déchirure à l'endroit de mon cœur. Elle se manifeste telle une douleur passagère. Celle-ci me laisse perplexe. D'ailleurs, je me méfie de ma solitude.

J'écris : {…} *il n'y a pas une journée qui passe sans que je demande au Bon Dieu pourquoi? Pourquoi as-tu mis Maggie sur ma route? J'ai vécu des expériences de vie très difficiles cette année, mais là, je ressens vraiment que Maggie joue sur ma vie ou devrais-je dire sur mes plans de vie {…} là je commence à comprendre la vraie signification de la vie. Ferme les yeux, ouvre les bras et ton cœur. {…}*

Sur le divan, je regarde ma bien-aimée dans les yeux. Mon départ en janvier m'envahit. Je pleure. Je ne veux pas la perdre. Elle aussi pleure. Nous savons tous les deux que je partirai pour peut-être ne plus revenir. J'hésite, malgré tout. Je ne veux pas la blesser. Je ne pensais pas que l'amour pouvait être si fort. Je suis heureux ici, avec elle. Pourquoi tout quitter? Je me sens respecté comme je suis. Je ne sais plus…

✳

*Ce que j'aime en toi, c'est ta compréhension, ton ouverture.*
*Ton petit cœur ne s'ouvre pas souvent, mais ton sourire est là.*
*Ton odeur dans mes bras me fait rêver de toi.*
*Ta beauté me rend fier et beau. Nous sommes beaux.*
*Tu aimes essayer des choses nouvelles et tu es courageuse.*
*Et ce, malgré l'environnement conservateur dans ta famille.*
*Tu es spéciale à mes yeux. Tu as des amis qui te respectent.*
*Tu prends ta vie en main et ton futur est prometteur.*
*Tandis que moi, je ne suis qu'un routard.*
*Te rencontrer à vingt-sept ans, je te demanderais en mariage, car j'ai*
  *confiance en toi et... tu me fais découvrir ce que c'est l'amour.*
*Je t'aime, je sais.*
  Billy

✳

Les arbres ont recueilli un frimas sur toutes leurs branches. Ils sont magnifiques. Les rayons du soleil qui passent à travers ces cristaux me laissent une impression de magie. Je n'ai jamais assisté à un tel spectacle. Un de ceux réservés aux prairies. Je prends une photo pour me souvenir...

*J'écris : {...} ici, j'ai des bons amis. J'ai un job super, j'ai une blonde que j'aime, j'aime Saskatoon, j'aime les résidants, j'aime où j'habite, j'aime mes colocataires. Que du positif. Donc, je suis heureux!!! {...} je me sens dépourvu de mes moyens. Je suis en quête de sens. {...}*

✳

**16 DÉCEMBRE 2001** – Une goutte a fait déborder le vase. Dans ma chambre, sous un fond de musique, je pleure ma douleur. Nous avons rompu. Trop dure est notre situation. Je pleure l'amour perdu. Je pleure mon voyage. Ces joies dans la nature, le bonheur d'être au sommet d'une cime, toutes ces rencontres, ces amis qui m'ont accueilli, la liberté d'être sur la route, la connaissance de la vie.

Je pleure d'ailleurs mes épreuves : mon mal intérieur à Victoria, celui à Vancouver, ma limite lors de mon voyage en canot, mes batailles pour me faire comprendre et aimer, la faim qui me tordait le ventre sur la chaussée, le froid, la douleur de la West Coast Trail, la solitude, l'angoisse de la mort, le dépassement physique et psychologique du Yukon et de l'Alaska. Des réminiscences, des souvenirs refont surface les uns après les autres. Je m'interroge : que vais-je devenir lors du retour dans ma ville natale ? Seul, j'ai peur de traverser la frontière pour ne plus revenir. Je prie Dieu.

J'avais récemment averti tout le monde de mon départ. À peu près quotidiennement, plusieurs personnes m'ont confié que je leur manquerai, d'autres m'incitaient à rester ou à revenir. J'en suis très heureux et ému. Cela m'aide beaucoup. Or, je ne pense pas revenir. Là, je suis décidé. D'ailleurs, chaque matin, je suis envahi par une tristesse que je me garde de dévoiler. Je suis triste d'être seul dans un monde qui n'est pas le mien et qui ne le deviendra jamais.

Noël arrive à grands pas. Par le fait même, choyé, je reçois de nombreuses invitations. Des amis à la piscine me donnent des cadeaux qui me vont droit au cœur. Par bonheur, mon appréhension d'une période des Fêtes en solitaire est écartée.

✳

**24 DÉCEMBRE 2001 –** Les parents de Maggie m'invitent chez eux. Le jour de Noël, Erin et ses parents me prient chaleureusement d'accepter un délicieux souper à leur domicile. Parmi eux, je prends conscience que ma famille me manque beaucoup.

Le lendemain, je vais à la demeure de Bill et Dorothée, deux personnes âgées qui me sont chères ; pour un souper.

Mes derniers jours à Saskatoon achèvent. Je suis totalement décidé à retourner au Québec. Je ressens de la tristesse à partir, mais c'est mieux pour moi.

À la piscine, je travaille pour la dernière fois. C'est étrange : mes amis me souhaitent et me confient de belles paroles.

Dans un pub, je célèbre l'avant-dernière nuit avec tous mes amis. J'espère de tout cœur qu'ils ne m'oublieront jamais et moi de même. Je me suis souvent posé cette question lorsque j'ai quitté des gens que j'aimais dans mon année : quels mots sont appropriés pour leur dire combien je les ai appréciés ?

✳

**JOUR DE L'AN 2002** – Prêt pour le départ, j'étreins mes colocataires et Jos, le frère de Carla, lui qui est un *tripeux* dans le sang. Sac au dos, nostalgique, je mets le pied dehors, au grand air…

{…} *Combien une journée peut changer une vie* {…}.

# Retour aux sources

*« Il n'y a aucune place comme à la maison. »*
Proverbe italien

**DANS L'AUTOBUS** qui me ramène vers Saint-Antonin, je regarde pour la énième fois mes photos. Je suis si fier de mes réalisations. Près de la fenêtre, les yeux fermés, je sens la chaleur du soleil qui me réchauffe le visage. Je souris de bien-être. Mon sac à dos sur mes jambes, je le presse contre moi.

À l'intérieur de celui-ci, dissimulé entre ma nourriture, on peut voir une carte de souhaits. Celle que les personnes âgées du groupe d'aérobie aquatique m'ont remise. Dessus, en lettres attachées, on peut lire...

Il y a certaines personnes

Qui, sans vraiment le savoir,

Rendent ce monde un peu plus brillant

Et un peu plus beau à vivre...

❅

À travers la pénombre, je n'y crois pas lorsque j'aperçois l'écriteau : Rivière-du-Loup. Je suis très fatigué et prêt. Je suis de retour...

Le sourire aux lèvres, je descends les marches de l'autobus. Depuis un an déjà, je n'avais vu mes parents que sur une photo. Là, devant moi, ils y sont tous les trois: ma mère, mon père et ma sœur Kathy. Spontanément, on s'étreint tous très fort. Le sourire aux lèvres, les yeux pleins de larmes, on ne veut pas se séparer. Dans l'air flottent un parfum d'aventure, le bonheur, l'amour, la fierté d'un homme, la joie.

Je sais à cet instant qu'au fond de moi-même, je ne suis plus l'enfant que j'étais...

# ÉPILOGUE

Voilà plus d'un an et demi que je suis de retour. Je pense encore à mon voyage. J'y penserai toujours, j'en suis sûr. Un voyage de vie. J'aurais pu sombrer vers l'obscurité ; or j'ai nagé vers la surface, vers la lumière.

Mon retour a été très difficile : crise d'angoisse, tristesse profonde, émotions instables, peur, fatigue inlassable, douleur au thorax, au cœur, spontanément perdu, un goût amer de l'aventure. Par la suite, j'ai eu le choix. J'ai choisi de vivre, en relation et non par colère, avec la société telle qu'elle est, en restant l'être que je suis.

La nature m'a beaucoup aidé. Une psychothérapeute m'a posé les bonnes questions pour clarifier le sens que ce voyage avait réellement pour moi. Elle m'a aidé aussi à découvrir qui je suis. Ma famille d'amour m'a appuyé dans mon tourbillon, ma tempête intérieure. Dieu m'a guidé. Je me suis rapproché de Lui.

Le 21 septembre 2001 en randonnée au Yukon j'écris : « *Ça fait cinq mois que je vis sur la route, non, six avec janvier, je vais voir ce que j'ai changé, plus tard, plus tard.* »

C'est vrai. J'ai changé. Pour le mieux, je crois. Il a peut-être été difficile pour vous de me suivre et de vous rendre compte de mon périple. Vous vous posez certainement plusieurs questions. Sachez que depuis mon retour, je discerne la vie différemment tous les jours. J'essaie d'aimer, maintenant, tout et tous autour. Tout est amour, tout est beau. Comme mon père m'a soufflé : « *Prendre le temps de regarder la beauté d'un flocon de neige…* » Ha ! Ha ! Je n'aurais pas écrit ces lignes il y a trois ans, moi !

Que vous ayez 15, 35 ou 65 ans, la vie est là, pleine, douce, veloutée tel un bon fruit juteux que l'on déguste. Il vous revient de jouir de votre vie et de connaître l'être merveilleux que vous êtes, ou d'attiser une frustration intérieure face aux regrets. Souvenez-vous : le bonheur n'est pas demain, il est aujourd'hui.

J'ai écrit ce livre pour moi. Pour comprendre, me comprendre. J'aurai à apprendre toute ma vie. J'ai encore plusieurs questions qui demeurent sans réponse. J'ai aussi mis ce livre au monde pour vous. Pour partager tout de ma merveilleuse odyssée. Celle-ci m'a demandé beaucoup de sacrifices et d'efforts. Mais j'ai écouté mon goût d'avancer sans cesse et je me suis amusé dans sa rédaction... même si je ne suis vraiment pas un amant de l'ordinateur, mais plutôt de la nature.

Ça n'a pas été facile de parler de moi. Je suis un homme fier. Ainsi, mon côté émotionnel et discret digère mal les commentaires péjoratifs. La peur veut souvent s'y creuser un nid. Cependant, je ne veux pas d'une vie dans la peur. Je ne veux qu'être aimé pour l'être que je suis et avancer à grands pas dans la vie. Comme tout est détermination, le voilà!

Pourquoi avoir été si loin en moi-même? Ce fameux pourquoi. Comme me disait une amie, il est toujours plus facile de répondre au où, quand, comment, qui. Mais le pourquoi demande beaucoup plus de réflexion. Je veux seulement dire que j'avais à vivre cette aventure maintenant. Écouter mon ventre qui se tortillait à chaque nouvelle idée que j'avais. Vivre une grande liberté. Je voulais vivre avant de m'installer dans une vie sédentaire qui, pour moi, était synonyme de monotonie. Même si j'ignorais qu'une vie peut être si longue. Je voulais me tester dans mes limites pour m'aider dans mon futur. Chercher et atteindre sa limite est un risque qui peut t'engouffrer, mais qui peut aussi t'illuminer. Je suis conscient maintenant de la belle force que j'ai en moi. Je sais aussi que je ne veux plus surmener mon corps, ce cadeau de la vie, cette œuvre parfaite.

Je ne regrette nullement mon année 2001. Jamais je ne la regretterai. J'avais à la vivre; autrement, je me serais cassé une jambe et serais retourné au Québec. J'ai eu de la chance. J'ai reçu un cadeau spirituel. Merci à vous d'avoir été présents dans mon odyssée.

À l'heure actuelle, j'ai de nouveaux projets plein la tête, de nouveaux voyages. Parce que voyez-vous, chacun et chacune, nous sommes capables de réaliser tant dans une vie. Il suffit d'écouter son cœur, d'être conscients des signes qui se manifestent à nous; le jeu en vaut toujours la chandelle.

Amour,

*Billy Rioux,* Saint-Antonin, 28 septembre 2003

« *Il faut croire en ses rêves.* »
Billy Rioux
Auteur – Conférencier

**www.billyrioux.com**